一次就上！

把國家考試當專案管理

正確準備！

高普特考、國營企業求才到各種考試，

做對你該做的事就能完成夢想！

目錄

CHAPTER

04

我的全套實戰技巧——從計畫擬定到考場實務

CHAPTER
05
不要以為筆試考完就沒事了！

CHAPTER
06
沒有考到自己想要的職缺？再接再厲

序

本書的一開始要先謝謝個人好友介紹「廣廈國際出版集團」的方宗廉總編讓我認識，也要感謝方總編的賞識，在我提供一些參考資料後，就決定讓我有機會可以將我在國家考試路上的經驗集結成書。也感謝從個人撰寫內容開始到裝訂成書之間，所有幫助過這本書認識與不認識的朋友。

個人在決定要參加國家考試之前，曾在資訊軟體業服務了十一年多，因為十一年多的時間不算短，所以，工作的內容從最基本的技術性工作，也慢慢接觸到了管理的工作，成為 project leader / project manager 之後，專案管理工作的比例就佔了我工作的大部分時間。因此在決定參加國家考試之後，自然而然就把專案管理的經驗應用在國家考試上。再加上工作時所謂的「專案管理」，其實除了管理專案之外，也需要與他人溝通協調，所以在國家考試的路上，不僅只是管理自己而已，也喜歡大家彼此分享經驗。

因為喜歡彼此分享經驗，就在國家考試上榜後，加入一些國考相關的論壇，如：PTT的國考版、臉書的國家考試相關社團，也加入一些由網友們建立的 line 群組，希望能以自身的經驗協助還沒考上的朋友。只是難免還是會在這些群組之中，發現一些「別有用心」的朋友，將群組搞得烏煙瘴氣，後來自己就只在國家考試的論壇進行協助了。所以，個人征戰多年（普考、中鋼、國營、高考）的經驗可以集結成書，也算是另外一種形式的協助，個人內心其實是非常高興及樂意的。

其實，**我認為「國家考試」要從觀念及態度出發，觀念及態度會影響行為，而正確的觀念及態度自然而然會要求自己做正確的事；做了正確的事，就能正確的拿到分數；拿到分數，國家考試自然就會上榜**。不過，這個結論看起好像太籠統，而且是廢話，因為看來還是不知道該怎麼做，再加上國家考試的職系百百種，怎麼可能會有一本書適用在各種不同的職系呢？考量到這個問題，我只能再發揮資訊人員的邏輯能力，將準備的方式抽出來，不提職系科目的部分。

所以，本書以狀況劇開頭，說明很多人會投入國家考試的始末；接下來彙整近幾年來國家考試、國營企業考試的相關資料；強調懂得專案管理「差之毫釐，失之千里」的重要性，不止能用在國家考試上，也可以在考上後進入職場後應用；因為準備考試各個階段都很重要，所以也將各個階段分解出來，提供了一些我認為重要的部分，希望大家在這些不同階段，可以從正確的觀念及態度出發，做到正確的行為。最後，在個人經驗上，國家考試的相關問題並不僅止於通過考試就結束了，我也思考了一下，在大家通過考試之後會遇到的填缺問題；要不要繼續準備考試的問題，我都稍微做了一些說明。希望能全面的將國家考試相關的問題一併整合，提供給大家參考。

最後，國家考試的過程，如人飲水，冷暖自知。相信已經考上的朋友們，大家都有相似的體會。本書的內容是我自己的經驗及過程，誠如我在本書內提到的，大家成長的過程不同、職系不同，所以，我的經驗不一定完全適合正在準備國家考試的你們。「師父領進門，修行在個人」，我不敢以師父自居，但希望自己的整理能成為大家的基礎，引導大家自行調整後都能找到適合自己的準備方式，不用壓力太大。只要記得國家考試，觀念跟態度最重要，然後好好的把過程中的每件事都做到位，考試自然而然就可以通過。「**品質是設計、製造、管理出來的，不是檢驗出來的**」。同樣的「**通過考試在規劃、準備的時候，就要達到通過考試的標準，到考試的時候，自然就會達到通過考試的標準**」。祝福還在國家考試的苦海之中的大家，能找到屬於自己的快速上岸方法。

CHAPTER

01

導論：考試就是專案管理

不知道大家有沒有想過自己的未來？正常的情況下，我們從學校畢業後，就要開始投入職場了。一開始年輕，可能還不確定自己想做什麼，又或許自己年輕想要拼拼看，所以，剛開始工作的前幾年可能持續不斷的換工作，嘗試體驗不同的工作，了解一下自己想要做什麼。等到找到目標之後，通常就會希望自己能一直做這樣的工作，或是在習慣一個職場之後，就希望自己留在那個職場一直待下去，可以的話，你希望是一萬年（引用電影台詞）。人性如此，當在一個地方待久了，任何事情都駕輕就熟後，工作起來便輕鬆，就會不想要變動了。

為什麼大家總搶著報名國家考試？

但是，人生總是事與願違，就在你已經習慣日復一日重複性的工作，穩定下來之後，成家、然後進入壯年、開始要進入中年之前，突然一個科技大躍進，你日復一日重複性的工作可以被科技模仿來執行，對公司來說，既然能花更低的成本做到你現在做的事，那你覺得公司會怎麼選擇呢？當然是你原來的位置就變得岌岌可危了。

運氣好一點，公司的老闆很有人情味，用原來的薪水繼續僱用你，安排你做別的事，只是新的工作你需要花一點時間跟精神學習它，並將它搞定，不然做得不好，老闆可能還是要請你走人；運氣差一點，公司的老闆依然有人情味，同樣安排你做別的事，但可能薪水比較少一點，同樣的，你還是要花一點時間跟精神學習它，並將它搞定；運氣最差的狀況，你必須要重新找工作了，然後在你找到新工作之後，你還是要花時間跟精神學習新的工作，並且將它搞定。

不知道上述的狀況有沒有一點似曾相識的感覺？其實我在國考版（例如：PTT的國考版，或是臉書FB的「公務人員考試之問題討論」……等之類的討論公職考試的論壇）遇到的網友，大概都有類似的狀況。不管是不是因為科技躍進、還是他的肝已經沒年輕人新鮮了，大部分都是已經穩定了，然後突然間接近中年卻失業的網友。由於年紀已經不年輕了，而且一朝被蛇咬，十年怕草繩，擔心找到新的工作後，做了一段時間，又發生同樣的事。不然就是在學時期，很早就觀察到社會現象有所體會，瞭解了社會的現實狀況；或是其實就是不知道自己畢業後能幹嘛，覺得穩定工作很重要的應屆畢業生。在深思熟慮下，決定尋找開始工作就不用擔心被裁員的工作，去除所有不符合資格的工作後，大概就只剩下高普特考、國營企業、民營化後的泛國營企業，這些能讓自己穩定的工作。

Unit: Person

軍人轉任公務人員考試 Civil Service Transfer for Military Personnel	銓定考試 Qualifying	專門職業及技術人員 Professional and Technical Examinations 計 Total	高等考試 Senior	普通考試 Junior	特種考試 Special	檢定考試 Qualifying Examination	檢覈考試 Screening Examination
-	-	83 089	47 492	12 168	23 429	13 553	28 170
-	-	88 038	52 952	20 486	14 600	11 464	19 596
97	-	116 443	70 317	31 636	14 490	9 574	9 908
60	-	134 925	76 383	46 070	12 472	9 993	7 127
33	-	167 268	78 375	76 885	12 008	15 294	6 210
26	-	177 261	75 274	88 024	13 963	4 949	-
-	-	207 773	83 945	118 830	4 998	2 899	-
43	-	194 660	84 274	105 579	4 807	1 268	-
39	-	194 122	92 227	98 061	3 834	-	-
17	-	212 251	98 070	109 927	4 254	-	-
19	-	238 886	98 682	136 142	4 062	-	-
23	-	276 518	105 900	169 057	1 561	-	-
31	-	232 650	99 529	130 474	2 647	-	-
31	-	183 929	99 150	84 779	-	-	-
34	-	175 286	94 038	81 248	-	-	-
40	-	170 312	93 020	77 292	-	-	-
29	-	175 857	93 708	66 651	15 498	-	-
13	-	163 489	92 968	63 224	7 297	-	-
9	-	163 603	93 865	63 758	5 980	-	-
46	-	162 963	96 147	57 660	9 156	-	-

Notes: 1. A multi-stage system for the Level 3 Senior Civil Service Examination and Junior Examination was practiced between 1998 and 2005, during which period the number of examination registrants was taken from first-stage candidates

2. From 2014, the first stage of the Civil Service Examination for Judges and Prosecutors was combined with the first stage of the Professional and Technical Examination for Attorneys.These numbers of registered candidates are counted respectively under the categories of Special Civil Service Examinations and the Senior Professional and Technical Examinations. The 8,186、7,966、8,064 、8,564、8,206、8,578 and 9,104 repeat registrations were not deducted from the annual total in 2014、2015、2016、2017 、2018、2019 and 2020.

資料來源：考選部網站統計資料

表 1-1 高普特考報考人數統計表（2001 年～2020 年）

單位：人

年別 Year	總計 Grand Total	公務人員 Civil Service Examinations 計 Total	高等考試 Senior	普通考試 Junior	初等考試 Elementary	特種考試 Special	升官等、升資考試 Promotional
90年 2001	439 292	314 480	41 984	56 646	101 260	93 675	20 915
91年 2002	428 264	309 166	36 547	51 668	67 988	137 936	15 027
92年 2003	394 773	258 848	31 960	32 781	44 906	133 446	15 658
93年 2004	399 130	247 085	34 132	36 050	46 593	101 742	28 508
94年 2005	480 180	291 408	38 050	37 023	43 531	155 603	17 168
95年 2006	465 319	283 109	34 704	34 917	49 087	155 096	9 279
96年 2007	528 698	318 026	39 816	42 633	46 117	174 925	14 535
97年 2008	592 832	396 904	43 428	49 827	53 337	239 214	11 055
98年 2009	694 871	500 749	59 632	66 540	93 239	271 785	9 514
99年 2010	749 054	536 803	66 596	70 014	89 149	301 975	9 052
100年 2011	749 000	510 114	65 572	73 014	74 212	285 557	11 740
101年 2012	794 867	518 349	72 330	88 777	69 578	284 664	2 977
102年 2013	688 452	455 802	69 703	80 577	66 724	227 007	11 760
103年 2014	538 237	354 308	61 907	60 863	43 984	182 975	4 548
104年 2015	502 894	327 608	56 136	55 755	37 551	170 956	7 176
105年 2016	475 810	305 498	50 928	47 500	32 752	167 521	6 757
106年 2017	470 425	294 568	48 063	46 136	30 221	162 545	7 574
107年 2018	431 408	267 919	45 325	41 177	28 542	147 463	5 399
108年 2019	429 370	265 767	45 042	42 816	24 113	146 667	7 120
109年 2020	414 320	251 357	43 849	41 238	25 804	135 054	5 366

説明：1. 87至94年公務人員高等考試三級考試暨普通考試採分試制度，該期間報考人數採一試資料。

2. 103年起公務人員司法官考試第一試與專門職業及技術人員律師考試第一試合併辦理，其中報考司法司法官考試及報考律師考試者，分別列計於公務人員特種考試與專門職業及技術人員高等考試報考人數中，全年總計人數未扣除重複報考人數。103年、104年、105年、106年、107年、108年及109年重複報考人數分別為8,186人、7,966人、8,064人、8,564人、8,206人、8,578人及9,104人。

Unit: Person

軍人轉任公務人員考試 Civil Service Transfer for Military Personnel	銓定考試 Qualifying	專門職業及技術人員 Professional and Technical Examinations 計 Total	高等考試 Senior	普通考試 Junior	特種考試 Special	檢定考試 Qualifying Examination	檢覈考試 Screening Examination
-	-	13 187	7 859	2 412	2 916	671	7 705
-	-	16 003	10 245	4 555	1 203	936	4 749
25	-	25 694	13 482	9 708	2 504	547	2 576
22	-	25 975	15 158	9 696	1 121	698	1 267
10	-	38 708	19 644	18 126	938	580	770
5	-	31 042	14 150	15 917	975	618	-
-	-	40 449	15 017	25 143	289	266	-
13	-	36 377	15 117	20 697	563	208	-
10	-	44 203	15 992	27 696	515	-	-
4	-	45 355	18 469	25 936	950	-	-
6	-	45 429	17 166	27 811	452	-	-
8	-	63 582	18 920	44 141	521	-	-
9	-	29 333	17 102	11 024	1 207	-	-
12	-	32 386	18 629	13 757	-	-	-
7	-	33 144	19 590	13 554	-	-	-
3	-	33 006	18 469	14 537	-	-	-
2	-	36 501	19 011	10 284	7 206	-	-
7	-	41 001	18 565	22 150	286	-	-
5	-	33 733	19 227	13 832	674	-	-
14	-	31 246	19 753	10 628	865	-	-

Note: Due to Special Examinations for Transportation Enterprise Employee of Railway implement 3 additional qualifiers, the grand total of qualifiers in 2010 is revised to 58,167.

資料來源：考選部網站統計資料

表 1-2 高普特考錄取人數統計表（2001 年～2020 年）

單位：人

年別 Year	總計 Grand Total	公務人員 Civil Service Examinations					
		計 Total	高等考試 Senior	普通考試 Junior	初等考試 Elementary	特種考試 Special	升官等、升資考試 Promotional
90年 2001	33 625	12 062	1 291	1 195	1 180	4 049	4 347
91年 2002	31 464	9 776	652	675	505	3 696	4 248
92年 2003	40 140	11 323	1 122	628	266	5 119	4 163
93年 2004	40 900	12 960	1 289	675	412	4 812	5 750
94年 2005	53 885	13 827	1 305	666	286	7 171	4 389
95年 2006	43 085	11 425	1 598	769	528	7 518	1 007
96年 2007	57 594	16 879	2 120	1 198	530	10 049	2 982
97年 2008	54 423	17 838	2 500	1 628	581	10 418	2 698
98年 2009	59 986	15 783	2 248	1 257	692	9 249	2 327
99年 2010	58 167	12 812	2 145	1 291	580	7 104	1 688
100年 2011	62 036	16 607	3 260	2 189	512	7 576	3 064
101年 2012	79 076	15 494	3 492	2 530	642	7 998	824
102年 2013	47 541	18 208	3 388	2 942	565	8 704	2 600
103年 2014	49 210	16 824	3 346	2 451	415	9 309	1 291
104年 2015	52 307	19 163	3 552	2 900	468	10 448	1 788
105年 2016	53 053	20 047	3 584	2 803	566	11 490	1 601
106年 2017	55 802	19 301	3 190	2 762	549	10 837	1 961
107年 2018	59 157	18 156	3 034	2 421	457	10 723	1 514
108年 2019	50 188	16 455	3 190	2 688	508	8 473	1 591
109年 2020	45 848	14 602	2 817	2 680	498	7 107	1 486

註：99年錄取或及格人數總計修正為58,167人，係因99年特種考試交通事業鐵路人員考試於100年6月補行錄取3人。

表 1-3 國營企業報考人數、率取人數及錄取率統計表（2015 年～2020 年）

年度	報名人數	錄取人數	錄取率
2020	38124	1335	3.50%
2019	35263	1440	4.08%
2018	31442	1399	4.45%
2017	34844	1308	3.75%
2016	28653	1026	3.58%
2015	28300	981	3.47%

資料來源：補習班網站＋作者整理

因此，每年報考高普特考的人數一直都是居高不下，觀察最近幾年（可以上考選部的統計資料查詢），每年累積報考高普特考的總報名人數都是十萬人起跳，到考試當天真的會去參加考試的，也大概還有七〇%上下，不分科系的話，錄取率大概是六~九%。簡單的說，我們假設報名的有十萬人整；真的有考試的，大概會有七萬人；但大概只有五千五百人上下會被錄取，也就代表有六萬四千五百人是落榜的狀況。五千五百看似機會還蠻多的，但這只是概略性的整理，若分不同職系，更可以看出不同職系間的競爭（只是大略計算而已）。

在國營企業的部分，觀察近幾年的趨勢，則從二〇一五年的二萬八千人到二〇二〇年的三萬八千人，呈現成長的狀況；且錄取人數也是從二〇一五年的九百八十一人，慢慢的逐年增加到二〇一九年的一千四百四十人、二〇二〇年的一千三百三十五人。錄取率則在三．五～四．五％之間或是上下。**（錄取率約略會有些許差異，原因為「預計錄取人數」與「實際錄取人數」之間的差異）**

國家考試很難嗎？

其實上面花了這麼長的篇幅來說明國家考試及國營企業考試的狀況，不知道你看完這些之後，身為讀者的你感想是什麼？若只是單純身為讀者的話，大概只會有每年多少人參加、錄取率是多少的結論，僅只是得到這個資料而已。但若你又身兼考慮踏入國家考試的應考者，那感覺又會不同了。看完之後，很多人就會覺得很難考，而馬上就打退堂鼓；也有人因為知道難考，而準備長期作戰；還有些人是平常心，因為想要有穩定的工作，就是要先付出一些心血，才能得到想要的工作。

國家考試真的難嗎？從錄取率來看，真的很難；但我個人認為**找對方法認真準備一年就夠了**。或許是因為個人在科技業待了十一年左右，與工

表 1-4 作者個人準備考試時間及各項工作期間

	2012 年 10 月	2013 年 6 月	2013 年 10 月	2015 年 6 月	2015 年 7 月	2017 年 5 月	2017 年 6 月	2018 年 11 月	2018 年 12 月	迄今
準備考試										
普考										
中鋼										
國營										
高考										

資料來源：作者提供

作過程中所體會的做事方法及態度有關。我在私人企業工作了十一年之後（二〇〇一～二〇一二年），在二〇一二年十月初開始下定決心要報考國家考試，二〇一三年九月放榜便考上普考（高考差一點，至於為什麼，本書後面會提到），並於二〇一三年十月赴普考的機關服務；也因為二〇一二年十月到二〇一三年七月這段時間的基礎打得好，於二〇一五年四月通過中鋼筆試，並於二〇一五年七月進入中鋼服務；二〇一七月一月再通過國營筆試，同年赴國營企業服務；二〇一八月九月又通過高考考試，同年進入高考機關服務。如同上面所說，我只有二〇一二年十月到二〇一三年七月這段時間是認真的念書之外，其他幾次考試都是考試前三個月到半年複習我第一年所念的東西（一天也大概複習最多三個小時而已），加上新的資訊更新，則還能勉強的通過考試。

看到這邊，大家是不是會想我是什麼名門大學畢業的人生勝利組？但其實我從私立世新大學資管系畢業之後，服完兵役，二〇〇一年就一直在我服務的公司任職，一直到離開公司之前，雖然有想過要去念研究所，但始終只是想想而已。所以在開始準備國家考試之前，我只是一個私立大學資管系畢業，每天忙進忙出，一年大概要加八個月班（早上九點到晚上八點）的工程師、資深工程師、主任工程師而已，而且已經十一年沒碰書了。因此，我個人認為，我並沒有比較聰明，只是我找到我自己的方法準備考試而已。我的觀念就是「別人可以，我為什麼不行；我可以，為什麼別人不行；只要有心，人人都是食神。」（又把電影台詞拿出來用了）

其實，我也不是故意，或無聊一直考來考去，每次轉換的過程都其來有自。

第一次從普考跳中鋼的主要原因是想照顧家裡的長輩，那段時間剛好家母的身體不好，故宮因為在北部，自己是南部小孩，於是當年臨時才決定要考中鋼，現在想起來覺得蠻對不起故宮的長官們，當時在故宮真的受到很多長官的照顧及指導，非常感謝故宮長官們的照顧。

第二次從中鋼跳國營企業的原因是長輩的健康好轉，加上自我要求太高，壓力太大。我在私人企業待了十一年多，也不是隨隨便便就能升上主任工程師的，就是因為做事能自我要求。所以在中鋼服務時，為了快點進入狀況，每天早上四點就起來思考一整天的工作應該要怎麼做。自己在外面業界工作十一年多的經驗，完全被當作新人對待，也是原因之一。加上當時資訊處的管理階層讓我們感覺，我們進中鋼好像是想去混日子的。總之，林林總總再加上自己長期早上四點就起床，健康亮起了紅燈，自己都照顧不了自己，怎麼照顧家裡的長輩，所以決定再戰國營企業，只是對不起了自己的同梯，沒有留下來一起努力。

第三次從國營企業跳高考是因為最後感受到不受尊重。其實在國營企業的日子，一開始的感覺是遇到伯樂，讓我可以盡情發揮（不過我也知道主管是在測試我的能力），但最後卻是變成不受尊重的感覺。簡短的說，剛進國營企業，主管真的是蠻能給我空間發揮，自己也在過程中，協助建立了公司的大數據系統，並在建立起來之後，持續開發功能。但後來發現主管認為沒有他就沒有大數據，並在幾次高層論功行賞的時候獨攬功勞，讓深諳專案成功是靠各個專案人員努力的我夢醒了。專案領導者無法公正的評判專案內各人員的貢獻，所以最後我決定離開轉考高考。但也是要向在國營企業時期很會照顧人的陳大哥，以及其他兄弟說聲對不起，沒能留下來跟他們一起努力。

所以考來考去，真的不是無聊，也不是想證明什麼，真的只是都有各自的原因，也剛好自己的個性決定要做，就會開啟認真模式做到好，不想浪費力氣而已。

正確的心態有助於快速通過考試

也因為準備考試的過程有心得，所以在考上之後，個人開始嘗試在網路上協助其他還沒考上的朋友們。不過，其實在一開始第一年的時候，個人就已經開始分享一些看法給我那時的同學們，只是因為當時沒有實績，所以大概也沒能取信於他們。而考上之後，就比較沒跟他們聯絡了，也不確定他們後來考試的結果如何。往後則隨著自己年年的考試實績，自己漸漸被網路上還沒考上的朋友相信。只是老實說，在輔導網友的過程中，也體會到很多的狀況。例如：

1. 有的人明明書就沒念熟，而且他臉皮超厚，一直問一些最基礎的問題，感覺把考上的人當免費的老師一樣。就是要考上的人幫他念書，還要教會他。其實這是負面的舉例，讓我舉個正面的例子好了。這個個案是我在看我的 line 紀錄時找到的，對方是我的一個同補習班的學弟，在他考上港務公司時的對話。以下以文字稿的方式呈現（摘要重點及濃縮）：

作者：在港務公司的榜單看到你的名字，恭禧你了。

學弟：能上榜很感恩，謝謝學長沒有放棄我。

作者：沒有啦，重點是你沒有放棄你自己，如果你沒有努力，我們幫你念書，你就能考上嗎？自己解題很重要，只有經歷過，你的思考才會整合，考試的時候，才能應變。是你自己很努力。

學弟：很高興有緣能認識學長。

作者：是啊，大家有緣才會有機會接觸。

結論：其實我只是想強調，自己念書的重要性。而且要多念幾次，不是只念少數幾次。

2. 同樣是書沒念熟的朋友，但他不會一直問，而你也知道他的問題是書沒念熟。然後，每次考試就說，「啊，這題我有看到，但沒有準備好。」、「啊，我今年差一點點而已，下一次一定能考上。」但其實每年都在差一點點。

3. 有的人在網路上號召讀書會，但你看他在讀書會的行為，會發現他根本不是真心要念書考試的，就是利用考上的人來號召一些還沒考上的人，然後藉機從中得利。他會私下跟你要你的筆記，然後要到之後，他拿去賣給其他還沒考上的人。

4. 其他……等。其實狀況很多。

坦白說，我很為那些人擔心，因為在考試的第一關：正確的心態上，他們就會因為沒有正確的心態，導致他們沒有正確的行為。要考上是有可能，但應該會花蠻多時間的，因為他們會是在多次的失敗之後，才知道自己的問題在哪裡，慢慢改正他們自己的觀念和行為。

而我自己在準備考試的過程中，一開始沒有因為急就一直念書，或是找別人一直問、一直煩別人。我反倒是仔細的思考考試的整個過程，然後抽絲剝繭分析自己，應該要做哪些事才能讓自己通過考試，簡單的濃縮說明一下。

1. **先有正確的觀念，才能做到正確的行為**；有正確的行為，才會往通過考試這個目標邁進。

2. 除非是神，不然沒有人可以從頭到尾都能正確安排所有能邁向通過考試應該要做到的事。所以，大目標是要通過考試不變，然後要拆成小目標，且需要監督、控制、調整。當你完成每個小目標，集合之後的結果就等於完成大目標。簡單的說，沒有人不會稍為走錯路，**只要目標確定**，然後，**一直邊做邊調整方向，一定會走到終點**。

3. 只要有心，認真的準備，生命會自己找到出口的，一定能上榜。國家考試看似很難，但其實一點都不難，重點端看自己有多認真面對考試這件事。

4. 其實，通過考試的概念很簡單，就是要**了解通過考試需要什麼條件？而達成這些條件，要做什麼事？這些要做的事，要做到什麼程度**？要了解做到什麼程度，就要了解「現實狀況」，然後，達成或超越這個「現實狀況」。

另外，先說明一下：

1. 國家考試有各種不同的職系，個人是資訊處理職系，不同職系所需準備的內容不同，所以本書不會提供有關各科考試的實際內容，只講**準備考試的方法**；而且真的要回答，我大概也只能指導資訊處理的實際內容而已。

2. 其實，本來我也沒打算要講考試的實際內容，因為通過考試需要會的東西大家都一樣，不用特別去講，所以該講的是讓大家**學會通過考試都需要準備的東西**。

3. **準備考試的方法**：為了讓大家了解概念，就先舉個例子來說。不知道大家對管理學中的「品質管理」有沒有概念，裡面開宗明義就說了，**品質是設計**、**製造**、**管理**出來的，**不是檢驗**出來的。意思就是產品在產出之前就要設計它的品質要達到的標準，因此製造的時候，就要管理製造過程，當產品產出的時候就可以達到品質標準了，而不是在檢驗的時候，才檢查它有沒有達到標準。同樣的，通過考試在規劃的時候、準備的時候，就要把自己管理好，要達到通過考試的標準，到考試的時候，自然就會達到通過考試的標準。不是胡亂準備，再來讓別人檢核你有沒有通過標準。

4. **準備工作的方法**：其實本書提到的準備方法也是在社會上工作的做事方法。這個概念在你通過考試，進入公職、國營企業服務之後，轉個方向，同樣可以應用在你的工作上。

如前面所提到的，要有正確的觀念才能有正確的行為，才能通過考試。所以，正確的觀念其實是面對準備考試最重要，而且不只是只有一開始需要正確的觀念，它的重要性是遍布在整個考試的過程，是每個階段都要有正確的觀念。因此，接下來每一個章節有需要講觀念的時候，我會先講觀念，才講方法。

為了要在考試的過程中都能有正確的觀念，我們會先把考試的整個流程分析出來，了解有哪些階段，才能針對每個階段用正確的觀念做正確的行為，最後才能因為累積所有正確的行為，通過考試。

圖 1-1 中的各個點都需要有正確的觀念，才能進行正確的行為；有了正確的行為才會累積考試應該有的實力，才能通過考試。

而通過考試之後，其實還是會有其他的問題，例如：怎麼選缺？要不要繼續準備考試？要不要再考？……這些也會在本書的最後面稍微提供一點個人的看法。

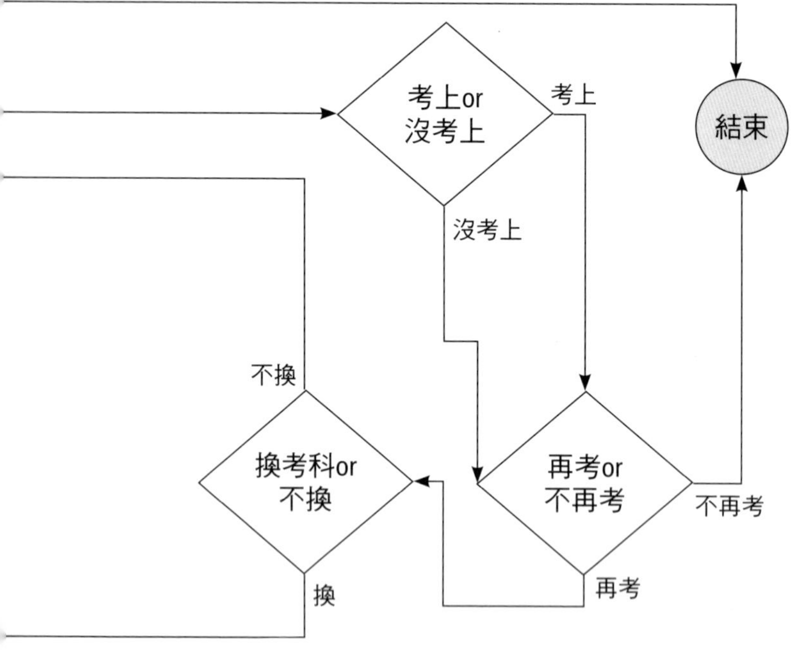

資料來源：作者提供

圖 1-1 準備考試之流程圖

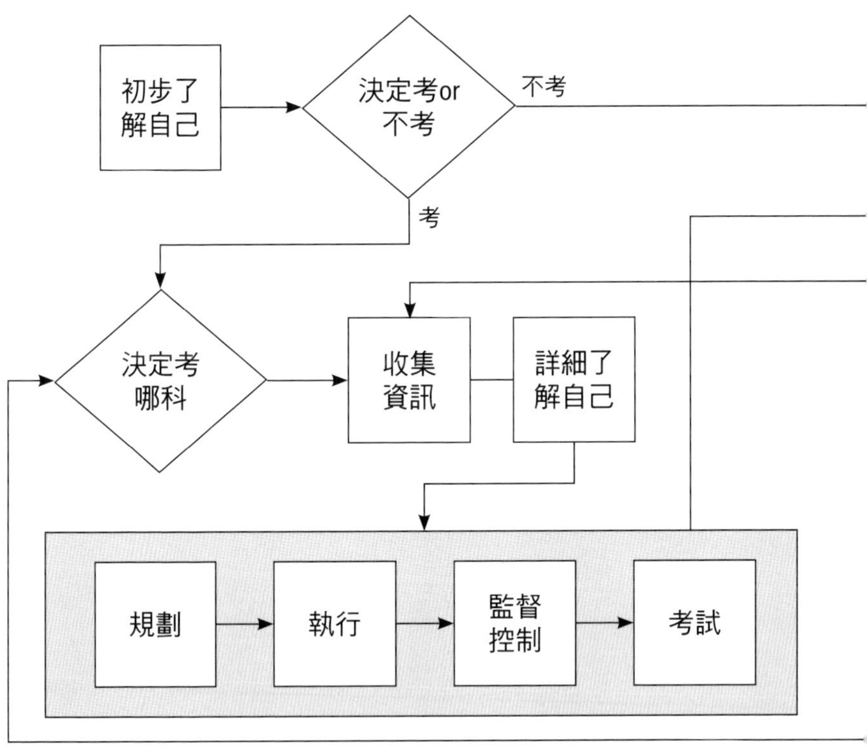

CHAPTER

02

你真的要參加國家考試嗎？沒有真心就考不上。

誠如上一章最末節提出的考試流程，要決定參加考試才會進行考試規劃；而在決定參加考試之前，要先決定是否加入泛國家考試；而決定是否參加國家考試之前，我們是否應先進行分析，如泛公職的工作是否會比現在的工作好？若是擔任公職會比自己現在的工作好，才會有動力決定要參加國家考試，不是嗎?!所以，我們先來討論一下怎麼決定吧。

參加考試之前，應先初步了解自己的現況及大環境的狀態

初步的意思是指因為還沒決定是否要考，所以應先了解一下自己現在的狀況及大環境的狀態，並將現職工作與泛公職工作相比較，再決定是否加入泛公職的就業考試的意思。對我來說，其實加不加入國家考試，我認為是「契機」來臨了沒（宗教性說法）。怎麼說呢？

以自己的狀況為例

簡短的說一下我的故事好了，個人在退伍之後出社會工作，運氣算是不錯，一個私立大學畢業的新鮮人能進入當時上市上櫃的資訊軟體業服務（一般好的公司多會是挑選國立大學畢業的新鮮人），機會可是不多見。

不久後，公司因為技術能力頗佳的緣故，在我服務的期間，公司便被國外的創投公司看中，併購了兩次，所以，公司從國內的上市上櫃公司變成了外商公司。而自己因為一直持續的待在原公司，在到達某年資之後，薪水還算不錯，也就完全沒考慮過參加國家考試這件事。

在當時，我的一位已經考上國家考試，並在公職服務好幾年的大學好同學，因為工作出差的緣故，到了自己公司附近，於是乎便約了對方聊天，而就在那次的聊天中，我的好同學第一次跟我建議是否參加國家考試這一件事。那是我第一次的契機，不過因為當時我的工作各個條件都比公職好，因此並沒有考慮國家考試這一件事。

不過，科技業就是這樣吧，為了要能賺錢，自然要發展出能賺錢的科技應用，而通常也只有新的科技，才能搶得賺錢的機會，因此在科技業裡面工作，就是要一直不斷的追求新科技。只要一開始不追了，公司營收馬上就會有所變化。後來公司在成為外商公司之後，因為時代剛好從電腦走向智慧型裝置，而當時公司的策略還是集中在開發電腦的商用軟體，尚未調整將大量的資源投入到智慧型裝置，所以雖然公司有在追求新技術，但在資源不足的情形下，公司營收馬上受到影響。也就因此，外國高層為了「數字上」的好看，決定要節流。他們認為大陸及印度工程師的程度也不錯，而台灣的工程師人力成本太高了，所以，便把研發的部分全部轉移到大陸及印度，以不留台灣的工程師來節省成本，我們也就在這個事件中一一「被離開」公司了。

因為必須離開，且必須找新的工作，所以，我參加國家考試的第二契機就出現了，而這次才是我真正加入國家考試的契機。簡單的說，我加入國家考試的契機很簡單，因為突然沒有一個好的工作了，而且以我的年資不是很好找到合適又滿意的工作，加上考量科技業因為營收要一直追求新的技術，況且新的技術做出來不一定代表有市場，以及其他總總不確定的因素可能導致公司容易組織調整（導致的結果就是減薪或裁員啦），我不希望自己未來一直身處在這種不穩定的狀況，所以才正式的決定加入國家考試（在我考上國家考試之後，仍然還是會與我以前的同事們聯絡，還真的是蠻多人找到工作之後又被裁員，而且這種狀況發生了好幾次，因此其實我還蠻高興自己做了這個決定）。

你的契機

從我個人的例子來看，我想其他人開始準備加入國家考試的契機，歸納來說，大多應該也就是大環境不佳，希望自己穩定發展人生吧。總之，只要有人向你提到國家考試，而你有考慮過，都是一個契機。因為契機，你才會考慮是不是要參加國家考試。

如何決定是否參加國家考試？

其實契機只是讓你考慮參加考試這一件事，真正決定參加考試的部分則又是另外一個部分了。**通常要決定一件事都是必需經過比較的，而為了要做比較，你便需要收集資訊。若能列出一張表格，即可一目瞭然。**以下是個人的看法及舉例，僅供參考，不一定代表與你的想法一樣。但如果一旦真的要做比較，你應該且必需要挑一些你在意的事來做比較，畢竟適合我的不一定適合你。甚至我強烈的建議你，就是在這個時候你應該要自私一點，因為這個與自己的未來有關，應該要儘量讓自己好過一點，選擇一個自己覺得對自己未來最好的選擇。最後有可能你的分析表是私人企業比較好，那也只能說讓你決定穩定的契機還沒到囉！

表2-1 泛公職與私人企業比較表

	泛公職	私人企業
工作內容	做的事比較雜	做的事比較專精
工作時間	比較有機會時間到了就可以下班（這裡說的是「比較有機會」，不代表公職不用加班，該加班還是要加班）。	加班機率比較高。
工作穩定	工作表現ok，除非自己不想待，不然真的很穩定，而且有法律保障，機關不得隨意辭退公務人員。	容易因各種不同的狀況導致需要換工作，例如： 薪資停滯不前→所以要換更高薪的工作。 公司營運不佳→所以可能會有無薪假、裁員。
薪資（起薪的部分指的是還沒扣公保、勞保之前）	・一般職位起薪比私人企業高。 ・基本上年年調薪，會固定的成長。 ・累積一定年資，薪水可觀。 ・起薪高考是48K上下，普考是36K上下（個人服務的資訊職系，高考是53K，普考是39K）。	・專業職務起薪比較高（也不一定，看專業度）。 ・不一定年年調薪。 ・除非能力超群，或是公司超好，不然到某個薪資水準後，就會停下來。 ・一般企業起薪，普通的是30K上下，更慘的只有2xK（科技業的話，起薪有可能比較高）。
生活品質	下班後的時間比較屬於自己的。	下班時間可能主管又會臨時交待事情，需額外處理。
入門門檻	相較於私人企業，比較難。	相較於公職，比較簡單。

（接下頁）

表2-1（續）

	泛公職	私人企業
年假制度	滿1年7天，滿3年14天，滿6年21天，滿10年28天。	看公司；最基礎依勞基法，滿半年3天，滿1年7天，然後，每加1年多1天。有一些比較好的公司，可能第1年就給10天或15天。
福利	例如：結婚禮金、婚假、生兒津貼、死亡喪葬費、喪假等。	視各個公司而定，其福利政策均有所不同（有的可能只有假期，沒有津貼）。

資料來源：作者整理

綜合以上所述來看，除了入門門檻之外，泛公職都比私人企業好；而私人企業薪資、福利的部分，端看個人的表現（前題是公司要好，小公司就不太可能了），泛公職的薪水普遍來說比較固定。

因此，在我個人被離職之後，簡短的做了這樣的比較表，便決定花一年的時間準備考試。同樣的，個人會建議你花一點時間認真思考，做一下這樣的比較，就能了解自己應不應該投入國家考試了。

CHAPTER

03

考上三要素：計畫、紀律、投入時間

一旦決定參加國家考試之後，接下來應該要進行規劃如何準備考試了。但如第一章中提到的，正確的觀念才能有正確的行為，所以在正式進入規劃之前，我個人認為要先說明一下正確的觀念。

為了瞭解正確觀念的重要性，先讓我簡單的舉個例子吧。因為個人在進入公職前，本身是位資訊軟體業的從業人員，在過去的環境中，公司營收主要來自公司自行開發的軟體，而軟體設計首重邏輯，軟體是由不同的程式模組組成，資料在程式之間流動時會有前後關係，所以，自然養成了邏輯推理的習慣。舉例來說，某個功能的設定是：

步驟一、要經過兩個模組，模組流程是固定的，也就是說，第二個模組一定要經過第一個模組，才會被執行到。

步驟二、第一個模組是將輸入的值變兩倍，並直接成為第二個模組的輸入值。

步驟三、第二個模組是將第一個模組傳來的值再乘上三，得到結果。

假如我們一開始輸入的是一，經過第一個模組後，就變二；接著二再輸入第二個模組，最終的結果是六。所以，如果我們第一個模組輸入的不是一的話，結果自然也就不同。用這個概念歸納來說，比上面的例子複雜一點，就是工程師每天在做的事。

其實這只是簡單的例子，我們在進行國家考試的準備，如果第一個步驟錯了，就會影響到第二個步驟；再來，我們再深入一點來討論一下其前後的關係。假設第二個步驟沒錯，然後第二個步驟的結果是第三個步驟的輸入，但因為第二個步驟的結果來自第一個步驟，如果第一個步驟錯了，儘管第二個步驟是對的，第三個步驟的結果就會是錯的。我們再假設第一、第二個步驟都是錯的，然後後面還有一連串的步驟要做，我們是不是會愈做愈錯。所以一層一層做對了，才能讓自己走向正確的目標。

同樣的概念，有很多事（包含考試）都像上面的例子一樣，會有前面影響後面的因果關係，對的觀念可以讓你產生對的答案；對的答案才可以讓你拿到考試的分數；拿到考試的分數才能讓你上榜。看到這邊有人可能會想，因果關係我懂，你提到的部分我也懂，但準備考試真的就像上面寫的這麼簡單嗎?!

當然考試沒有這麼簡單，上面畢竟只是想先建立起大家正確的概念，有了正確的概念之後，在未來準備的過程中，才能因為正確的概念做正確的事。因此，在開始提到有關準備考試的內容之前，個人認為要先利用前面舉例提到的因果關係：正確的規劃來自正確的觀念。把觀念講清楚，並強調觀念正確的重要性，讓大家對準備考試（甚至是工作）這件事，有更清楚的了解，才能正確的進行規劃及執行。

不過，如果你比較急，可以先跳過這一章，先看後面準備的部分，但未來卡關的時候，建議你一定要回來看清楚這一章的概念，一定可以幫你把心穩住。接下來，還是要講一下這些正確的觀念。

了解「因果關係」是為了「懂得如何調整」

其實「因果關係」的觀念，我們前一段已經稍為討論到了，而且老實說，這也是大家從小就已經學過的，概念是什麼應該很清楚了。在前面，用我在資訊業的經驗已經解釋了「設定對，結果才會對」，「因」影響「果」的狀況，但若要從「果」來說，我們就無法推回去知道問題出在哪裡。為了更清楚的了解「因」「果」，將舉例從果反推回因的狀況，讓我們多討論一下這個概念。而多討論的原因，是要讓大家建立起為了達成通過國家考試這個結果，我們應該如何反推回去要做什麼事，才能讓我們成功的達成這件事。

想像一下，如果你是一名種植芒果的農民，最後種出來的芒果品質是不是跟過程中你如何種植它有關，以下我們將來討論幾個狀況。

簡單的因果關係

我們先假設，每一位芒果農所有付出的體力、天氣環境、土壤肥沃程度、什麼該做的，大家都是一樣的，而唯一不同的只有「時間」這個因素好了，因此，最後芒果產出的品質好不好，是不是就跟花了多少時間有關。你花了多少時間是因，你得到了什麼品質的芒果便是果。

所以，如果我們從結果來看，也就是設定目標，我們要品質一百的芒果；而我們也可以反推回去，知道要花多少時間，最後就能種出品質一百的芒果。

拉回到考試（做事）這件事來看，你發現某一次，你的成績跟別人差很多，你看到他們的分數，再看看你自己的分數，相減之後，就可以得出差距，就會知道人家多花你多少的時間。所以，你如果想得到他們的分數，就會知道你還需要多花多少的時間，才能跟他們得到一樣的結果。

因果關係，不只能告訴你「有因必有果」、「有果必有因」，還能告訴你要怎麼調整才能得到跟別人一樣的果。

本段用明確的過程及結果說明，當大家條件都一樣的時候，影響結果的就是大家所花的時間而已。只要把時間調整一下，跟別人一樣多，就能得到跟別人一樣的品質；若你花的時間比別人多時，如果沒有邊際效應的話，應該可以比別人更好。

比簡單難一點的因果關係

接下來，讓我們討論一下比簡單難一點的狀況。這次，我們只複雜化人的部分，其他環境相關的變數還是固定的，就是環境不會影響到結果，而是人除了使用的時間之外，他的經驗、他的技巧、他本身的天賦本質都加進來。

如此，芒果的品質就不止跟投入的時間有關，而會加上跟人有關的因子。一位種植芒果已經很久的人，他的經驗、技巧跟另一位剛開始種植芒果的人的經驗、技巧是不同的，所以，就算他們用同樣的時間去種芒果，所種出來的芒果的品質也一定會有所不同；如果加上不同人的天賦本質的話，變化就更多了。

因此，這次如果要找出如何調整的做法，我個人會用：了解**同樣的時間**，人家種出什麼樣的芒果品質，你種出什麼樣的芒果品質；了解**彼此的差距**，然後，**想要用什麼辦法**，才能將與他人經驗、技巧、天賦本質的差距補上，自己所種的芒果才有機會**追上**別人種植的芒果的品質。

本段是想說明每個人根本上就不相同，有的人準備的時間多、有的人經驗多、豐富，而有的人天生就是聰明，但大家想要的結果都一樣。如果認為自己資質差一點的話，就要多做一些什麼事，才能贏過資質好但不如自己努力的人。

現實的因果關係

實際上，影響種出來的芒果的品質還有很多，例如土壤的肥沃程度（地的問題）、蟲害（事的問題）、種植工具（物的問題）。所以，人生在世無論做什麼事，在真正的因果關係之中，「因」是有很多種的。只要不處理某一個「因」，就可能會造成不同的「果」。從「人事時地物」的概念來說，我們前三段也只說明了「人」跟「時」的差異。「人」是指每個人的「當下」資質不同（因為大家本來的資質就都不同，而且時間會改變人的資質條件）；「時」是指花的時間不同、決定自己要考試的時機不同。我們還沒討論到「事」、「地」、「物」呢？

「事」的部分，準備考試的過程中、考試的當下，難道不會有什麼事會影響嗎？「地」的部分，準備考試的過程中，哪個地方適合讓自己準備考試？「物」的部分，有什麼物品會影響考試？而這些因子都會影響考試的結果。

所以，歸納給大家一個很現實的結論：考試有很多地方要準備，你覺得你準備得很久了，但一直沒考上，灰心喪志；但事實上，就是有人準備得比你更好，所以人家才上榜。準備的程度是「因」，考不考得上是「果」。我們唯一能做的就是，**要了解怎樣的「實際結果」才算考上，並思考實際上要做到哪些事才能達成這個「實際結果」，並努力達成這些事。**

將考試當成專案管理

如同在前言所提到的，個人在私人企業服務很久了，從專業的角色（工程師）也進入了管理的角色（leader/PM）。當要管理專案之相關事宜，就不得不稍微了解一下專案管理；但專案管理跟準備考試有什麼相關呢？

讓我們先來講專案吧！**首先決定要不要**成立專案？待確定要成立專案後，要了解專案的**目的**、確定專案的**範圍**、設定專案的**目標**；專案會有**成本**（人事、經濟、時間、……等），需計算花多少成本達成目標；如何將目標透過WBS（Work Breakdown Structure，工作分解結構）拆成小項目，規劃如何一一達成，最後彙集成目標；專案不會一直都順利，如何**風險管理**，讓自己能儘快達成目標；**監督**專案的**進度**、**調整方向**⋯等。

再來，我們來看看考國家考試。大家都知道國家考試不好考，所以第一件事是要不要跳進去？接下來則是了解自己要考哪科、確定該科的考試範圍、設定考上的目標；然後了解自己達成目標要花費多少的時間，要買什麼東西；接著就是把一整個大目標細分為小目標，一一想想要如何規劃去達成；最後，在念書不順利、考試不順利的時候如何解決；監督自己準備考試的狀況⋯等。

是的，看起來兩者很相似，所以如果能把考試當成專案來看，應該是可以完全應用專案管理的管理手段來準備考試。只是大家現在學也太晚了，我就把自己覺得重要的部分提出來分享就好。大家要知道的就是**考試科目**、**考試範圍**，以及怎麼把目標打散成各個不同的細小目標、要花費多少**成本**來完成這些小目標、準備不會一直都很順，該怎麼**調整**、怎麼**監督**自己等等。

另外，個人在過去帶專案的經驗中，也發現了有一些特別的工作，是你一定要完成的（也就是必做的），才不會造成未來有其他問題的工作。

舉例來說，如果九九乘法表你不能靈活的運用的話，後面更深的乘法你就不會很容易算得對。我們當時的說法叫做「收斂」及「發散」；「收斂」的意思，就是如果乘法學得好，那你算高深的乘法就不會錯，答案只有一個。「發散」就是你連最簡單的九九乘法表都會背錯了，那你算高深的乘法自然就會錯，而且可能每次算的都不同。專案管理的精髓就是在「收斂」。

其實上面也是一種因果關係，在準備考試的過程中，如果某科的某個觀念是很重要的，你沒搞清楚，後面應用的題型就會不對。一旦搞清楚後，後面的題型就不是問題，因此這個部分一定要對。只是實際上的問題是，在你念過之後，你還是可能不知道它是重點，而且會影響後面的應用題型。所以，讀書是需要停下來觀察自己（監督自己），並且能察覺出這個重點。

所以，上一節中我們提到要考上，就要正確的答題；要正確的答題，就要正確的準備考試，就要不能失敗的做到每件應該要做的事。而怎麼才能不失敗，就是要靠**管理自己**。

壯士斷腕，該做就要做

簡單的說，**做對的事比把事情做對更重要**。背好一題比較不會出題、或比較拿不到分數的題目的答案，倒不如背好比較會出題、比較拿得到分數的題目。不過這僅限於時間有限，你又想拼看看，那就是這樣準備去賭看看了，而且沒有時間讓你胡思亂想。

如果你是時間夠的人，那就不要挑題目了，該記熟的就要記熟，不要賭。人都會有不上手的東西，但如果這是對於考試能不能考上的關鍵因素，那就是要認命，就是要弄熟它。在之前準備考試的時候，我也有不擅長的範圍，遇到這類型的題目，我就問自己，如果剛好出到這題我不會，那我會不會因此就落榜了？心隨念轉，於是乎後來我想盡任何辦法，把他們一一都弄清楚了。而且一個大家都覺得害怕的題目，你把它弄熟了，那基本上，只要這題一出，恭禧你，別人跟你的差距就拉開了。

另外，「該做的就要做」的另外一層概念是，如果是上榜應該要投入的資源，例如：花錢買書，就不要一直想了，該買就要買。有時候，就是少了那本書裡的東西，所以你的概念不完全。如果剛好是那一年考試要考的東西，那就降低了上榜的機會。

從「做比想重要」到「做跟想一樣重要」

出社會這麼久，遇到過很多種類型的人，無論是自己還在考的時候，或是開始輔導還在考試的網友的時候，常常有一種人是知道道理，但該做的時候又不去做的類型；簡單的說，就是知道是一回事，做不做又是另外一回事的人。但其實執行力是很重要的。

另外一種人是，我個人認為是知易行難的類型；就是沒事喜歡嚇自己，他知道考試不容易，所以，他自己就覺得準備考試很難。心情影響行為，懷疑自己的時候自然就不會認真面對，不能認真面對，準備就會有漏洞。

而我是另外一種，知難行易的類型。我只有想說我知道考試很難，所以我決定做什麼事就會一直做，純粹就是行動派。因為只有一直做，依每次做的結果調整，慢慢的接近，最終就能接近目標。

從上面的結論來看，好像做比較重要，那為什麼我的標題還要加上「做跟想一樣重要」呢？其實一開始「做」真的是比較重要的，萬事起頭難，無論什麼事一定要「開始行動」，才會有接下來後面的故事，而不是只想不做；等開始做了之後，也要能監督自己，是否有在朝著目標前進。「正確的觀念影響正確的行為」，所以開始做了之後，既然要做，就要做對，不要白費心機，浪費心力。這時才會從「做比較重要」變成「做跟想一樣重要」。這當中還是有「因果關係」跟「專案前後的關係」的。

CHAPTER

04

我的全套實戰技巧——從計畫擬定到考場實務

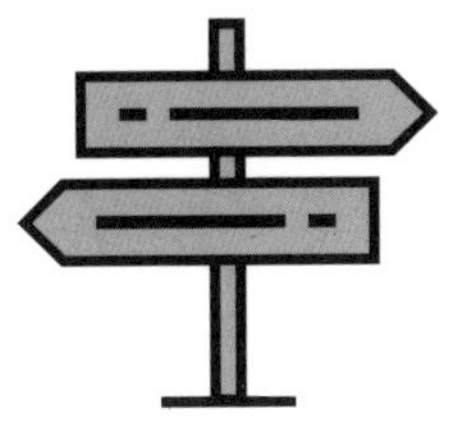

決定參加考試之後，我歸納成一句話，就是要「**想辦法**做一件大部分的人都覺得容易失敗的事，而且不能失敗」。原本，我是想歸納為「想辦法做一件不能失敗的事」，但這好像會很容易被誤會為「找一件不會失敗的事，然後完成它」，所以我想了一下，才改成這樣的說法。參加國家考試本來就是一件不容易成功、容易失敗的事，如果要考上，就是不能失敗。

因為不能失敗，所以接下來所有的事，你都要計劃到只能成功的狀況。影響考試結果的因素很多：書念得對不對；準備的內容對不對；對考試的內容熟不熟；筆記歸納得好不好等等。甚至是讀對書、讀對內容，不代表能寫出好答案，如何答題才是關鍵。此外，考試當下的身體狀況好不好；考試當下的心情能不能穩定；考試的周邊事物有沒有準備好之類的，都可能會影響考試的結果，所以我們就慢慢地來說明吧！

選擇哪一個職系比較好？

人是一種很複雜的動物，同一件事，條件相近的不同人去做，所做出來的結果不會相近；就算是做出來的結果相近，每個人的做法、過程也不相同。用同樣的概念來看，對於考試這件事，可能有人習慣了自己在求學時候的課程，於是就會決定考跟自己學的內容有關的職系；也有人學的科目明明有考科，但他自己覺得比較喜歡另外一科，所以決定考自己喜歡的職系；還有人求學時所念的是完全沒有可以考的職系，因此他只好選擇跟他求學階段比較相類似的職系；也有人決定要考了，卻還不知道要考什麼職系；不然就是直接挑選哪個職系或哪個考試比較可能上榜的，狀況很多。

歸納上述狀況總體來說，就是大家都想考上，但想考上的方式不同：

1. 能快一點考上就好，不管什麼職系；
2. 挑自己習慣的入門，不會沒有頭緒，也應該能比較快考上；
3. 挑自己喜歡的，不管準備多久都可以；
4. ⋯其他。

但考試科目這麼多，總是要挑一個職系進行準備，該怎麼選擇呢？我是屬於在學校念什麼，考試就考相關的職系的種類。當初只是單純的想，這個東西我比較熟、比較有把握，先考上再說。但在後來考上後，在協助其他人的過程中，有人問到這個問題，我才去思考考科的決定，其會影響到後面準備考試的時間長短。舉例來說：

【例一】

個人在補習班那段時間，讀書會的朋友常常稱自己是電子的神奇寶貝，跨科到資訊處理職系來考。因為資訊職系有一些科目真的很專業，例如：程式語言、程式設計、資料結構、資料庫查詢語言，都是相當專業的東西。因此，跨科的考生真的要對這些科目下功夫，才能取得分數。記得第一年，自己考上普考的那年，其實與我同一補習班的一位同學也差一點就考上，而聽說這位同學已經是早我一年就在補習班上課準備的同學，沒上的原因就是在程式語言的部分他沒拿到分數。老實說，我們這科光程式語言可能就有好幾種要學，所以，題目可能要你用某A語言回答，而你若是用B語言去答題，自然就拿不到分數了。所以還是有門檻在，我們科班的大學念了四年，有心要考國家考試的人就算程式能力再爛，應該也會比不是科班，而且只念低於四年的人好一點點才是。

【例二】

在個人輔導的考生中，有一位女同學，她說她以前不是讀資訊相關科系的，但是她喜歡研究程式，希望未來能做資訊職系的事。在了解了她的狀況之後，其實我跟她說了那位同學的故事，但她還是堅持，要學會程式之後去考試。我相信有一天她真的會考上，只是時間可能會比較長。畢竟我們這科的程式語言百百種，最近這幾年就算真的要準備，至少也要準備五～六種程式語言（如果不是科班出身），真的會需要很多時間把洞補上。

【例三】

個人在普考服務的單位認識了類似約聘僱人員，他本身是念歷史系的，而且是蠻好的國立大學研究所畢業，拿出這個顯赫的學歷，我不認為他會考不過，但問題就出在他一直堅持考「新聞職系」（英文），然後每年問他，他都說他的英文輸給英文系的人，專業科目也輸給新聞系的人，而我想說的是，「你為什麼不發揮自己的強項呢？」

如同前面提到的，有很多朋友加入國家考試的時候，光想著要以自己喜歡的科目去做準備，其實不是不行，只是覺得人家（念本科系的人）已經早你幾年念了這個科系，他們懂的東西一定比你多，相較之下你就是比較弱，人家就是比較強。但這也僅是建議提供參考，真的要選哪個職系考，主要還是每個人自己的選擇囉！

所以我的結論是：如果想要儘早上榜，縮短準備的時間，建議從熟悉的科目入手，因為準備期比較短。況且泛公職可以在考上開始工作之後再轉換職系，並不必需要急於一時非某一職系不可。你先考進去了，就可以先累積年資，而年資愈久領得愈多。再則，挑你喜歡的職系當然可以，只是不要想得太美好。

為什麼會開缺？主要就是人不夠。而且你喜歡什麼職系，跟你實際到工作單位工作是兩回事。考試是考你選擇的職系沒錯，但等你考

圖 4-1 想像 vs 現實

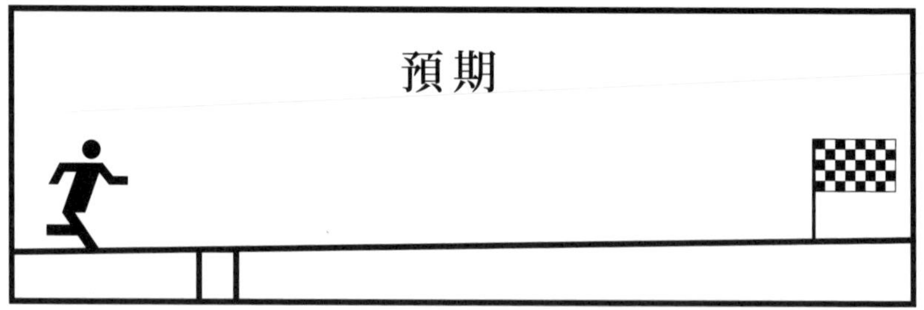

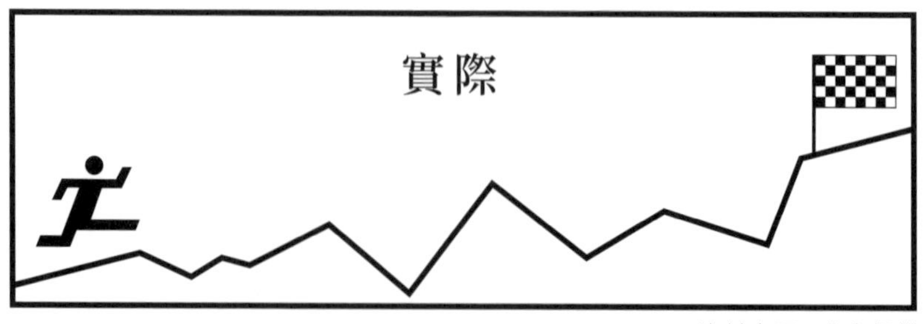

資料來源：作者提供

上，進去工作之後，不一定能夠做到你喜歡的工作；就算可以做到你喜歡的工作，也不是全天都做那個，所以不要想得太理想。舉例來說，我是資訊處理職系，還記得考上普考進單位服務的第一個工作，科長要我找廠商來修理辦公室的紗窗，這跟資訊處理有什麼相關？後面雖然也有一些跟資訊相關的工作，但常常還是會有下雨天辦公室遮雨棚漏水，去買 silicone 把漏水的地方補上這類型的事情。所以考試是考試，進入泛公職工作之後，做的事不一定像你自己所想的。

人自己想像的，跟現實永遠是不太一樣的，所以要客觀一點，實際一點，不要以為自己想像的結果會好好的發生，否則進單位服務之後會發現，就算是喜歡的事，在大量的狀況之下，也會讓你覺得有點不高興。

是否要堅持考自己所喜歡的，還是自己的選擇囉！如果實際一點的話，先考上再說了。本節不是建議你一定要挑自己熟悉的，這是你自己的選擇，當然，你還是可以選擇你想考的科目去準備。

規劃一套適合你的考試計畫

規劃之前先要有正確的觀念

在開始規劃之前，還是要回到「人是一種很複雜的動物」來說。人在做事情的時候，不可能一切都照自己的想像發生，而且很容易受到外界的各種狀況影響，所以，在規劃之前要先有一些關於考試的正確觀念，才能正確的規劃（不是以自己覺得這樣規劃是對的，而是要以實際的狀況做規劃），正常發揮，不疾不徐，不會因為各種狀況影響到自己的心情。心情受影響了，就會影響到吸收，吸收被影響了，就會影響到考試，所以，要先有正確的觀念才行。那就讓我們先來說說一些觀念吧！

▼第一組觀念：

1. 考上的條件：代表要「通過考試」。
2. 「通過考試」：代表要「有通過的實力」。
3. 「實力」代表要「經過努力」。
4. 「努力」代表要「花時間，花精神」。
5. 別想什麼都不做，或做不到位就可以得到。通過考試沒有別的方法，只能「做」。

▼第二組觀念：

1. 考上的人都需要「達成某些條件」。
2. 你覺得自己不用達成條件就能通過考試嗎？這題的答案很明顯了，不可能。你不會是例外。
3. 條件還沒達成之前，沒通過考試都是正常的。不用怨天尤人，還沒考上，就是自己努力不夠。
4. 平常心，不要急，因為實力還沒達到，沒通過是正常。除非你能找到繼續累積實力以外的辦法，幫助你通過考試或是不用考試，不然也只能一直累積實力。強調這點是因為很多人很急，急著要通過考試，認為自己很努力，但實際上抽離自己的角度，用在國家考試之外的人的角度來看在國家考試裡的人，大概就能體會我想表達的意思，別人比你還要努力。

▼第三組觀念：

1. 要累積實力需要時間。
2. 所以達到通過考試的實力，要一定的時間。

3. 那：你急什麼？冷靜下來。

4. 所以時間上的規劃要合理正確，才能上榜。總不可能下個月要考試，今天才開始準備，就期待下個月自己能通過了吧。

5. 同樣屬於時間因子的另外一個體會，因為考試的時間都是固定的，所以就算你準備好了，急著上場取得屬於你的勝利，但還是要等到考試舉行的時間，你才能去發揮，而且考完還要等成績公佈呢，所以真的不要急。在考試的過程中，其實就是「等」。

▼第四組觀念：

1. 考上有時候需要運氣，但運氣可能只能幫你多幾分，運氣沒辦法幫你考上。真正的考上是靠實力取得大部分的分數，再加上運氣。

2. 考試沒上怎麼辦？如果還是有志在求得穩定的工作，這個問題最實際的回答就是：繼續準備考試，等明年再考。所以記得「長痛不如短痛」，我的建議是一開始就要痛一點，不要慢慢痛。

3. 就是因為就業考試不是求六十分就好，一定要得到錄取的分數之內，所以就是想辦法讓自己進入錄取的那些人之中，而且愈快愈好，這也是為什麼前面建議挑選自己強的、熟的去努力的原因。

要了解自己、了解目標、了解現況

在了解了正確的觀念之後，在規劃之前，還是要先了解及分析一下有關考試的狀況。所以，當我們選定了職系之後，我們必需：

▼了解考試科目及其範圍：

我自己在一開始決定考試的時候，說真的，我也是不知道我選的考科有哪些科目，而且它們的範圍是在哪些部分，所以在開始規劃之前，我們要先了解考試科目有哪些，以及其範圍是在哪，而最快的方式就是：直接買市面上高普考的用書，你就會知道範圍有哪些。但是你一定要先了解範圍有哪些，而不是買來就讀喔。

不建議買來就讀的原因是，市面上的考試用書有一些問題在，如果你是自己在家練功，就一定要先了解。

1. 書上難免有錯，而且我在補習班上課的時候，有些老師也說過，他們有時候不小心寫錯之後是將錯就錯，如此是希望同學到補習班補習，他們才會更正錯誤。

2. 書的編排有時候是故意從難的開始編寫，所以你開始念時，可能會覺得很難進入狀況。因為補習班的業者當然是希望你到補習班補習，他們才能賺得更多，所以，他們的書有時候會有一些特殊安排（這是後來考試有心得後，體會到的）。

3. 如果是從頭開始準備的朋友，應該也無法一下就能了解書裡的東西，所以還是要有基礎比較好，但也不是不能直接看，只是很容易就會卡關，除非你本來就很會找方法念書，不然一般人都是循序漸進比較好。

所以，買市面上的書在這個階段主要是要先了解考試範圍（粗讀），而不是先細讀。因為書裡常有隱藏的錯誤，而考試就是這樣，看誰錯得少，分數就多；分數多，就比較容易上榜，所以還是要想辦法把這個問題解決，而解決的方法，實際來說只有找到對的書，才能把錯的部分補正。

掌握了考科及範圍之後，再來要了解自己對這些科目的熟悉程度，心裡要有一個底。哪些是完全不會的，要花比較多的時間準備，哪些可能是自己熟的，但還是要念，因為有了基礎，所以可以少花一點時間，這部分會跟自己未來準備的規劃有關。

為了增加大家的理解程度，我舉個人的例子來說明。所有資訊處理職系的考生都會考六科專業科目：「資訊管理與資安」、「資料庫」、「資料結構」、「電腦網路」、「程式語言」、「系統專案管理（系統分析與設計）」，和兩科共同科目：「國文（公文）」、「法學緒論＋英文」。

▼了解自己的狀況：

然後我分析了我自己的狀況：出社會已經十一年了，沒碰書十一年了，所以如果要考試，就是要念書囉！

對於考試我的優點是：

1. 因為本來就是在資訊軟體業服務，所以，資訊類的內容應該吸收能力蠻強的，加上我有實務經驗，對於專業科目應該需要花費的時間比較少。
2. 其次，因為工作久了，有在帶專案，所以，對於管理的部分，也是比較有能力融會貫通。
3. 共同科目的英文，經過分析之後，因為剛出社會的公司是全球性的跨國公司，英文是大家發信件的必要語言，再加上後來成為外商公司之後，英文更是重要，所以剛好算是強項之一。雖然不是頂強的，但應該也不用花費太多時間。

對於考試我的缺點是：

1. 共同科目的部分：國文及法學；對於國文，我真的沒辦法，而且對技術類的人來說，能寫得好的人並不多，所以，那時我沒有花太多精神準備。法學對我來說，更是天書，還好我有上補習班，所以就去上課吧。不過，也就只要花上課的時間聽過就算了，因為也不是技術類的重點科目。

2.「電腦網路」在我念大學時才剛起飛，沒能好好學過的科目，是我應該花多一點精神來研究準備的科目。

以上分析完畢之後，就會有一個粗略的讀書計畫概念成形了。優點的部分，可以分析一下是不是可以少花一點時間準備；而缺點的部分，就思考一下該怎麼把它們克服。

▼了解目標：

接下來就是應該準備到什麼程度，總不能沒有目的的一直讀書吧?!如前面觀念提到的，就是要「念到考上應該有的實力」。但什麼叫「念到考上應該有的實力」？聽起來還是很模糊，所以為了了解應該要做到什麼程度，我們就來分析一下大環境吧！

1. 了解名額數量多寡

我個人的做法是：了解實際狀況；就是要知道你所選擇職系的狀況，

例如這一屆的缺額數量（考上的人數有多少），你要做的就是讓你準備考試的實力到這個名額裡面（如果名額還沒出來，可以看前幾年的缺額，網路是一個很好收集資料的來源）。

不過知道名額有多少，只是最簡單的一步，只能知道你的目標是要讓自己進入名額之中，才能通過考試。但還是不知道應該要做到怎樣的程度、要多認真、付出多少時間來準備考試。回到最初提到的觀念，要考上就要有相對應的實力，有實力是考上的必要條件之一，所以，你的目標就是要先成為有實力的人，再來要想辦法爬到這群有實力的人的前半部，也就是贏過這群有實力的人的一半才能確保上榜。

2. 了解競爭者是哪些

從上一段我們知道，目標是要贏過有實力的人，所以問題又來了，這些人是什麼人呢？分析了解這些人是什麼人，用意是要讓自己知道情況是怎樣，了解狀況後，才會知道考試應該要做多少準備。那這些人是哪些呢？

第一類：已經準備一段時間，參加補習班接近上榜的考生，不可否認他們上榜的機會很高吧？

第二類：科班出身的「應屆畢業生」，本來就是念這個科系的，而且剛剛學的，腦袋中的東西還熱辣辣的，只需要多一點點努力，就可以考上。

第三類：相較之下容易被遺忘的一群，就是沒辦法上補習班，自己在家練功，只差有一個考試讓他考的有實力的對手。

第四類：我覺得是最容易被遺忘的一類，而且是最恐怖的一類，就是他已經考上了，然後又再考。

經過分析之後，把上面這些恐怖的對手加一加，應該知道情況是怎麼樣了吧。就算是準備很久，實力本來就到考上程度的朋友們，也不敢說自己一定百分之百可以考上。不過，事在人為，只要根據現實狀況，把每件考上應該要做的事都達成了，通過考試還是很有可能的，至少我十一年多沒再碰過書，也是準備了一年就考上。我是不了解分析完之後，大家是不是還是覺得很難，但我個人是會找到方法去突破，畢竟生命會自己找到出口的。

設定目標（總目標之下的各個明確的小目標）

上一節我們已經把目標大略定出來了，也了解了競爭者是哪些，接下來就是要依照這些資訊來設定更細部的目標，在開始之前，還是先用引導的方式提出一個狀況問題：如果不要去想考試的事，你在日常生活中，有沒有什麼事是需要一段時間才能完成，而不是短期就可以完成的？遇到這類的事你怎麼完成這個目標？是不是要先把完成這件事的所有必做的事都分析出來，然後根據這些必做的事擬定策略，一個一個地完成它們。當把所有必做的事都完成了，剩下的就是完不完成它、什麼時間完成它，由你決定。而考試其實就跟你日常生活中做某些事一樣，只是時間長了一些。

前兩點分析讓我們了解了，要把你選的科目準備到考上的實力，甚至是至少要達到具考上實力前半數的人的實力。同時，也了解了你的對手是哪些，讓自己知道狀況有多艱難，不認真面對，真的不容易。但就像上一段所說的，為了更能確保自己上榜，我們要把考上應該達成的目標分解到整個考試的過程，成為各個更明確的目標。簡單來說，考上等於分數到達錄取的分數，那考試的科目就是要達到什麼分數，才能進入錄取的範圍。

不過，就像前面觀念提到的，就業考試不是只要六十分及格就好，也就是說不是以分數來做為標準，而是以名次為標準，可以的話，也儘量要求自己考到高一點的名次。把目標設得這麼高，其實還有另外一個考量，因為大家熟悉的東西都不同，自然一定也會有比較不上手的科目，這時候就需要上手的科目來彌補不上手的失分。但不管是哪一科，能拿到多一點分數就儘量多拿一點分數。

因此，舉例來說，我的做法是我去補習班上課，我會逼自己成為同學之中的前幾名，但這是我自己想像而已，在還沒考試之前，你永遠不會知道自己在哪個程度。正因為這樣，當時在還沒參加任何考試之前，自己做了一個覺得還蠻無厘頭的假設，我假設全台有多少補習班，一間補習班總會考上一～二名（以平均來算），假設全台有三十間補習班，就佔了六十個名額，然後沒上補習班、自己練功的對手估算十～二十名，再來是考上的人再來重考的，又佔了二十名，而錄取名額大概是一百～一百三十名之間，因此，我大概就只剩二十～五十個名額可以爭取了。但如果我能進入補習班一～二名考上的人之中，我的上榜機會就會大大的增加了。所以，我的目標就是要讓自己成為補習班同學的前段班，因為只有成為前半段班，才有上榜的機會。

選對用書，少走冤枉路

設定好目標後，好像應該開始進入規劃，開始計畫怎麼念書了，不過，還是讓我們先冷靜下來了解一下正確的觀念—要好好準備「考試應該要有的實力」，代表要念到正確的內容，而正確的內容來自正確的書，所以，在正式規劃念書之前，首先應該要找到正確的書。

還記得有一句話是這麼說的，「在對的時間，遇到錯的人；在錯的時間，遇到對的人」，而不論何者，都無法得到好的結果。其實我是很反對還沒念書就開始看考古題，這跟「在對的時間，遇到錯的人」的概念很像。你念的題目是對的，但你參考的書是錯的，你根本就不知道題目出自哪裡，怎麼能找出答案呢？更何況補習班的書還有可能會錯，或是看不懂。除非你是已經準備很久的考生了，知道考古題的出處，可以在書上對的章節找到對的答案，不然至少要先念過一次書，對內容有點印象，才會知道題目出自哪裡、在問什麼。有了完整正確的觀念，才不會看到題目時誤會方向，解錯題目。

再則，市面上補習班販售的書的問題，前面已經說過了：

1. 書是整理過、精簡過的東西，完全沒念過書的人，不一定會看懂，就算懂，可能也只是一知半解，對考上的幫助有限。
2. 書裡難免會有錯，如果沒去上補習班，就可能會學錯東西。而只要錯一題，可能就會影響考不考得上。
3. 書的編排有時候故意把難的放在前面，讓人家覺得不好入門。

4. 補習班提供的內容，都只是擬答，擬答不代表是正確的答案，它有可能只是給你一個方向。

5. ……等。

總之，如果你是從頭開始準備的考生，就是越級打怪的意思，等級還沒到就挑戰魔王，一定失敗的。

不知道大家有沒有看過一部古代的日劇—「龍櫻」嗎？（因為已經是好幾年前了，所以直接稱為古代），劇情是描述一所風評不是很好學校的高中，有六名學生一起挑戰考東京大學的故事。他們的班主任循序漸進的引導他們，他們明明是高中生，但實力弱到需要從國小二年級的書開始打基礎，一關一關的過，才能念到要考東大的書，然後挑戰應考東大。雖然劇情到最後，只有一半的人真的考上，但也說明了現實就是這樣，有人會考上，也有人不會考上。

提到這部日劇的用意，是要帶出這個概念—念書也是要有計畫的。有一些高級的知識，要先學會中級的知識，而中級的知識，也要先學會等級較低的知識。也就是說，先念簡單易懂的，再挑戰進階版，之後再挑戰聖經本。所以選書選得好、選得對，對考試是有很大的幫助的。而且千萬不**要小看基礎書，除了可以打好基礎之外，它還很意外的可以幫忙你拿到很**

多分數。

通常準備考試的人，應該不會一科只有一本參考書；如上面所說的，一本初級，一本進階，一本聖經，再不然至少也要初級＋進階。當然，我也了解很多人都只想一本書就涵蓋所有考試的內容，但很難。實際上出題的考官也是從很多本書出題的，所以為了取分，書的部分真的是一筆必要的支出。只是如果想花最少的錢，發揮最大的效用，就是要好好的挑書了。

其實，我個人在準備考試的路上，算是很幸運的。在我決定考試之後，跟之前建議我要考試的強者好同學說了，他馬上建議我一些入門的書，也提供我一些準備的經驗。所以，我在挑入門書的部分花費的時間很短。如果你是從頭準備的朋友，在開始念書之前，要注意挑對書。挑對書的定義，我想清楚之後的結論是，根據你那個時候的實力去找到適合的書念。簡單的說，當你是LV0的時候，你要念LV0的書，等到你到LV50的時候，你要念LV50的書，等到你LV80的時候，要念LV80的書。

原諒我用這麼概念性的說法，因為我是資訊處理職系的考生，當然資訊處理有哪些基礎書，我可以推薦，但如果是其他職系，可能要麻煩你們先問一下前輩，哪本書是入門書，哪本是進階書，又哪本是聖經書了。例如建議你，可以問一下考上的前輩、補習班裡真的比較像是老師的老師（補習班裡某些老師只是去賺錢的，他們不一定會設身處地幫學生想）、私訊各壇論國考版的上榜人員。以上的建議可不是隨便說說的，都是個人經驗得來的：我運氣好，除了強者好同學之外，還遇到了一個很會幫同學想的好老師，老師真的推薦了不錯的書籍。至於私訊的部分，主要是在開始輔導網友的時候，他們經常會私訊我問的問題，所以建議大家也可以私訊一些考上的人，了解他們準備考試的用書。

基本上我個人歸納的結論是：入門書，都是一些大學用書；進階書，我認為是市面上那些補書班所販售的書；聖經本，就真的是公認的聖經本了。對於考試來說，念熟進階書，我認為夠了，但是要熟，不熟的話，還是不行。聖經本的話，我最後都是拿來查一些真的很難的考古題，才會把它們拿出來。

既然提到了資訊處理的用書，就針對資訊處理的考試列出我個人準備考試時的用書，其他職系的考生就只好當做是舉例給你們看了。不過還是要強調，這是我那個年代準備考試的用書，但現在年代不同了，科目也改了，就要做相對應的調整。

表 4-1 資訊處理職系的考試用書

專業科目	基礎書	進階書	聖經本
資訊管理	*林東清教授的書 謝清佳教授的書	*林東清教授的書 謝清佳教授的書 *補習班的講義	*林東清教授的書 謝清佳教授的書
專案管理（系統分析與設計）	*林信惠、黃明祥、王文良（軟體專案管理） 林信惠、吳仁和（系統分析與設計） PMP 的書	*林信惠、黃明祥、王文良（軟體專案管理） 林信惠、吳仁和（系統分析與設計） *補習班的講義	*林信惠、黃明祥、王文良（軟體專案管理） 林信惠、吳仁和（系統分析與設計）
資料庫	*高點唐箏、*向紅 陳會安 黃三益（*ERD 章節） *學儒簡明	*高點唐箏、向紅 *學儒簡明	聖經本
電腦網路	*劉金順	*補習班的講義 *舊版聖經 *新版聖經	舊版聖經 新版聖經
程式語言	*高點的書	*高點的書	
資料結構	*蔡明志	*高點王致強	聖經本

（*是作者推薦的書）

資料來源：作者提供

註：資訊處理職系的朋友，請注意程式語言這一科，我觀察到這幾年程式語言這科出題的方向在改變，往實務的方向走，所以，如果你是有寫程式經驗的考生，可能這科這幾年會比較吃香；但未來會怎樣，說不準。因此，念不念程式語言書裡的東西，我個人是認為我不想跟老天爺賭，就是認命念了。意思就是除了程式要自己練之外，也要熟悉書裡的東西。簡單的說，這幾年出的題目，跟補習班的書沒有很大的相關性。

有計畫的規劃，按部執行

老話一句，生命會自己找到出口，如果你覺得你一定要考上的時候，你對這件事的態度就會完全不一樣。一定要考上，你就會思考各種會幫助自己一定會考上的方法。所以，首先我覺得搞清楚狀況是最重要的，也就是觀念一定要對，觀念對了接下來所有的事都會有影響；再來決定考科，找一個對自己來說條件最好的考科；一旦考科決定了，要了解考科的範圍，讓自己集中努力在對的範圍；然後了解自己，讓自己知道對於不同的科目要花多少精神；最後在了解範圍、了解自己之後，找對的書準備考試。

與前面提到的將總目標分解成不同的小目標的概念一樣，從開始準備到考試時程其實不算短，算是一個長期的目標，所以需要化整為零，將各

圖 4-2 正確觀念影響進入規劃步驟前的各個部分

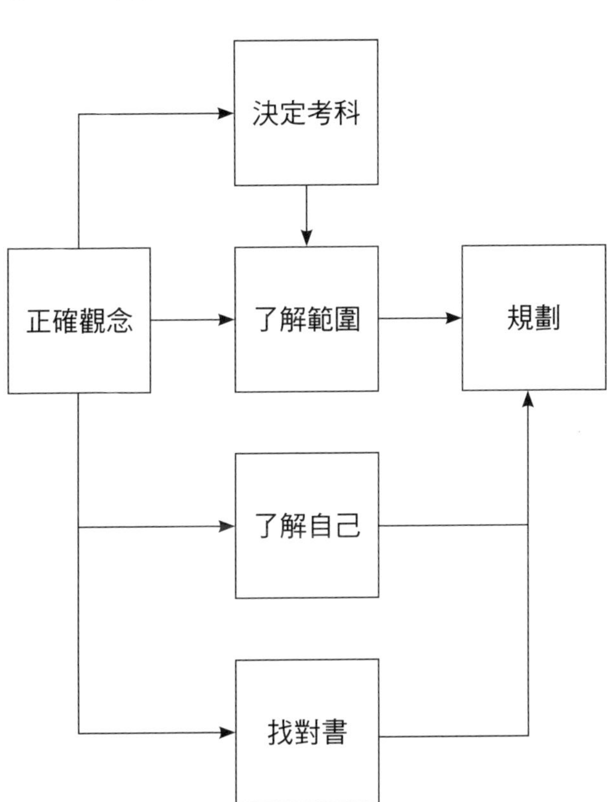

資料來源：作者提供

科拆成不同的小目標，再讓自己一個一個地去完成這些小目標。然後根據範圍，我們準備好書，而接下來就是根據你自己的分析去安排讀書計畫。

不過讀書計畫的部分，又是一個因人而異的部分；簡單的說，這關係個人的天資、新手還是老手、資源充不充足。我簡單的將每個人的狀況分為新手、老手，還有全職，兼職來分析。

▼如果你是新手且全職準備

還是要先說觀念的部分，考古題可以先看，但你一定看不懂，然後你可能會從你找好的書裡找這些答案，好不容易你找到了，但裡面有一大堆的字分開都看得懂，把它們集合起來反而看不懂的情形。所以，與其這樣浪費時間，還不如扎扎實實的把書念過幾次。

1. 不要怕從頭開始念，多念幾次

其實，除了第一次完整念完真的會比較累一點之外，第二次、第三次之後，會愈來愈快，因為書裡其實有很多廢話，你第二、第三次會自動省略這些部分；加上你會畫重點，不重要的部分，你自然不會去注意。而且第一次有印象了，第二次會比第一次快，第三次因有第一、第二次的經驗，所以會更快了。不要害怕從頭開始念，根據經驗，有很多時候你會發

現，你以為不是重點的部分，後來考試過了你才體會到，是自己漏掉了某個部分，所以從頭開始念，才不會漏掉太多。

並且真的要**多念幾次**，因為如前一段最後說的，你會漏掉以為不是重點的地方，我的經驗是你念書的時候，會因為你當時的狀況去念書，有時候神清氣爽，你就會抓到很多重點，改天狀況不佳，便會漏掉幾個重點。所以要重看幾次。

還記得我剛開始準備考試的時候，我的高手同學跟我說，他在PTT國家考試版看過高手調查統計說，從開始準備到考上**至少要念十二次**書。當初覺得有點誇張，但其實十二次不是重點，應該是要表達考試沒有這麼簡單，書一定要看得很熟吧！如果真的要算次數，我花了九個月的時間，看書、抄書、做手寫版筆記、打電子版筆記應該不止十二次了吧，但二十次應該沒有吧。我二〇一二年九月底、十月初開始念書，隔年七月就考上普考了（高考差一點，五月份中華電信的筆試成績，專業部分九十）。真的有心，一年都不用。

2. 有實力也要有運氣，但有些運氣可以靠實力補上

其實我從頭開始準備到考上的那年，我很有信心高普考雙榜的，但就像最前面提到的，**有實力也要有運氣**，我就是運氣不夠，所以高考沒上。

為什麼這麼說，其實我後來分析當年最慘的一科「程式語言」，可能是我的回答方式不好，所以只拿了十九分，如果這科的分數是正常的，當年我一定上榜。為什麼我說是運氣不好呢？因為同一科我隔年再考一次，沒看書，我拿了八十五分，所以純粹是運氣的問題。還有大家一定會想，可以複查分數，沒用的，根據我的高手同學當年在考試院服務的了解，他說複查不是把考卷拿出來再看一次答案，重新給分，而是只重新計算一次老師給的分數，重新加總一次。所以，高考就只能重考了。

簡單來說，靠實力的部分愈多，靠運氣的部分就愈少。

3. 動態調整，大方向不變

上面是舉例說明，我覺得一年好好的準備，是足夠把書念完並通過考試上榜的。所以，拉回來規劃的部分，我個人首要的動作是先了解有哪些考試，它們各在哪一天？然後將這些日期標示出來，再來就是了解有多少科目要看，再平均分配科目到這些日子上。不過，不同的考試不一定會考一樣的內容，所以可以依不同的考試進行多方面的考量，進行長期的時程安排。例如高考要考六科專業，但關務特考是考四科，所以在安排長期的念書計畫時，可以將重疊的四科安排多一點的時間。關務特考不考的兩科，在關務特考之後，做比較多的安排（記得不是完全不讀沒重疊的那兩科，而是安排得比較少）。

以上我僅只是舉例，實際如何，依每個人的個性不同，做法也就會有所不同，但只要記得一件事，找到**適合自己**的準備方式。

4. 循序漸進

我知道我隔了十一年沒念書了，所以我不貪功躁進，知道基礎不穩，背任何答案都沒用，也剛好有高手同學分享經驗，所以，我很認命的蹲在圖書館練功，**從最基礎的書開始念起，再來才看進階書**。但老實說，能看的話就看，我也沒有把所有的聖經本念完，只是**循序漸進**，才是對的方式。

我的策略及做法是，我知道我第一次可以參加考試的時間是哪天，而因為我沒有基礎，所以我本來就沒打算考慮如何考上這個考試，只是想去練筆而已。我完全沒有想到如何準備這個考試，就是單純的安排如何念書而已，所以我的準備方式是先了解我有哪些基礎書要看，它們各有幾頁，一天需要念幾頁，必須要花多久的時間完成第一次。不過如同最前面提到的，不要急，要合適，所以念幾頁這個目標，也是要設定合理。通常一開始，我都是不管幾頁，設定每天念完一章，除非那章特別長才分兩天；如果是特別短的時候，就多念一章。

再來，這是我個人的方法，僅供參考，如果大家有更好的方法，請使用你們的方法就好。其實我的第一次念書是每一章念三遍：第一遍，先完整的讀過一次；第二遍，畫重點；第三遍，把重點抄到活頁紙上。所以，剛開始，我一章大概會花半天的時間。假設一本書有十五章，六科專業，就有九十章，若一天念兩章，四十五天就可以把基礎打好，應該還有蠻多時間精進的。

然後，其實上面是保守的估計，我認為速度會再快一點，應該會提早進入進階書的部分，而且進階書的部分，有一些是基礎書有的，所以你接著念進階書，會比念基礎書還快，所以不用擔心書會念不完。

5. 歸納考古題題型

還記得之前一直強調的正確觀念嗎？前面我們找了對的書，用對的方法念書，但為了拿分，我們還要用正確的方法回答問題，因此，我們還必需整理考古題及考試時的答案。

我二〇一二年九月底、十月初開始準備，大概十二月初就可以開始看考古題了。有關考古題的部分，我也不是只看補習班提供的答案，以及在書上、網路上找到相關的答案而已，我還進行了歸納以及思考如何彙整和答題的方式的研究。我在念考古題的過程中發現，題目大部分問的都是以下類型的延伸，例如：×××是什麼？為什麼會發生×××？×××有什麼影響，如何避免？×××有什麼優點，如何應用？還有其他：（這是簡單的舉例，不同科的考生應該會有不同的狀況，再請大家自由延伸）。

做出這些歸納之後，我開始了各個×××的研究，以及相關題型延伸的研究，然後把所有相關的資料彙整起來。再來，想到考試時間有限，如何在有限的時間內把答案寫好，也是在這個時候先研究好，不然東西一大堆，不可能在考試的時候一直寫吧，所以要針對不同的題型，先準備好答題的方式。簡單的說，就是**找出所有的東西，然後彙整在一起，再精簡的過程**（這也是把東西變成自己的東西的過程，東西都吸收了，要考不上我都覺得很難）。

答案的型式我思考過，**最好是能先濃縮成一句到幾句**，讓考官能懂的回答，**並以標題的方式條例寫出來**，再加上一句解釋來解釋你的回答。這樣的好處是改題官可以一下就取得重點，對你的印象也比較好，而且事實上，根據我在考試院服務的同學說，他曾經陪老師入過闈，一年十萬多考生在報名，考試當天也有七萬左右真的在考，一個人要改這麼多考卷，他們其實都是看關鍵字而已。所以如果能濃縮成幾句並條列，應該可以讓他們方便改題，你也可以拿到分數。而為了做到這件事，你必須在準備考試的時候，就先把這件事做好。

6. 每日時間分配

上面講的是戰術的部分，再來講策略，短期念書的方法。人都一樣，一天只有二十四小時，所以我的做法是像在學校一樣，把時間切出來，做成一個課表，但科目的部分，則視熟悉度進行安排，熟的少讀，不熟的多讀。舉例來說，我之前分析過我自己的狀況，然後，我也扎扎實實的念過了，我大概知道自己的吸收程度。若發現有一科真的是大學沒學過的，我在準備考試的時候，那科目會佔我最多的時間，基本上，依統計整個準備考試的過程來看，光是這一科佔了我準備時間的三分之一吧，其他的科目則用了三分之二。

另外，表 4-2 是我自己的執行表，不代表適合你，所以你要做的是，**將這個時間表調整成適合自己的時間表，然後，按表操課**。

7. 先收拾心情

如前面提到的，人生不會一帆風順，有課表不一定能好好執行，不是突然有事要處理，就是那天沒心情念書。我個人是會先思考，這件事如果不處理是不是會影響到自己念書，如果會的話，先把事情處理完，再回來

表 4-2 讀書時間分配表

<table>
<tr><th></th><th>讀書日
（沒補習班的課）</th><th>讀書日
（有補習班的課）</th><th>休息日
（1 週至少 1 天）</th></tr>
<tr><td>起床～
8：00 之前</td><td colspan="2">吃早餐，放鬆心情</td><td rowspan="12">休息是為了走更長遠的路，一週找一天做自己喜歡的事，讓自己的腦袋不要一直塞考試的東西。但晚上，記得要了解一下這個星期自己做了哪些有關考試的事，例如：讀書讀到哪裡？下週進度要到哪裡之類的。最重要的就是了解自己在做什麼。</td></tr>
<tr><td>8：00～9：50</td><td colspan="2">（念書）圖書館佔位子念書（第一節）</td></tr>
<tr><td>10：10～11：50</td><td colspan="2">（念書）第二節</td></tr>
<tr><td>11：50～12：30</td><td colspan="2">午餐＋放鬆（打個手遊都可以，但時間到就要收心）</td></tr>
<tr><td>12：30～13：30</td><td colspan="2">回圖書館，在圖書館桌上午休（在家睡會太舒適）</td></tr>
<tr><td>13：30～15：30</td><td colspan="2">（念書）第三節</td></tr>
<tr><td>15：30～16：30</td><td colspan="2">去體育場跑步</td></tr>
<tr><td>16：30～17：30</td><td>回家洗澡</td><td rowspan="2">回家洗澡＋去補習班＋晚餐</td></tr>
<tr><td>17：30～18：30</td><td>晚餐</td></tr>
<tr><td>18：30～21：30</td><td rowspan="3">（念書）
在家放鬆心情念書 或
了解自己進度狀況 或
用別的方式做筆記</td><td>（念書）補習班上課</td></tr>
<tr><td>21：30～10：30</td><td>回家</td></tr>
<tr><td>10：30～休息</td><td>放鬆兼放空（娛樂）</td></tr>
</table>

資料來源：作者提供

念書。先把心情調適好，讀書才會有效果，不過，基本上我都是依照這個課表操課。但也不是說，隨便找一個理由讓自己不念書，要是真的無法念書，就先調適心情再念啊！有時候只是A科突然念不下去，換了B科，或許就可以念得下去，那就只要換科目念就好了，不要突然就丟下，跑去調適心情啊！

而且人性如此，你放鬆了心情，心情變好了，只要你是真的有心要通過考試的，會想到自己的進度落後了，於是會自己找時間補上。生命會自己找到出口的。

8. 未雨綢繆

此外，也就是因為人生不會一帆風順，所以我們要未雨綢繆，狀況好的時候，可以多念一點就多念一點，不要因為本日目標達標，就放鬆過了頭，等到真的發生問題了，再來說早知道之前多念一點。或是因為那天怎麼怎麼了，所以我沒辦法達成目標。重點就是因為你沒做到，所以你沒準備好。而唯一能讓自己通過考試的，就是準備好。無論什麼原因，就是要想辦法讓自己準備好，不然，永遠不要想要達成目標。

因為考試是一段長時間的準備，所以短期做法有了，也不能一直只是做，而不知道自己在做什麼吧？所以每個星期的結尾，一定要檢視一下這一週的進度。其實，人最怕的就是花了很多時間，卻沒任何效果。反省檢視一週來的結果，可以幫助穩定自己的心情，知道自己有進步，就會對考試有信心。更實際一點來說，我建議在每個星期的最後，清楚的在腦袋中告訴自己，這週哪一科你念了什麼？

9. 參加考試，與人對戰，了解自己的實力

不過在還沒考試之前，永遠都是自己在練功而已，沒去考試，不會知道自己的實力到達什麼地步。前面曾提到，我的第一個考試只是打算當練功用，沒有計畫要考上。所以我開始念書的時候，是沒有計畫要想辦法考上第一個考試的（關務特考），一直到十二月的時候，發現我可以開始看考古題了，就開始有把關務特考當第一個目標的想法。因為關務特考是在四月初左右，放榜在六月多，考科的話，跟高考比，只考其中的四科，但英文的部分是一科完整一百分的科目。所以，大概在農曆過年的時候，我調整了一下念書的內容，就專心的準備那四科，英文則沒有太多準備，畢竟自己過去在工作時用英文用了十一年，應該可以 cover 吧！

不過或許是第一次參加正式考試的緣故，有很多部分沒有考慮到，所以考了第三十五名，而且有一部分是靠我英文分數贏得的。不過也由於這次考試，我了解了自己的實力到哪裡？考試時應該注意什麼？接下來該怎麼調整準備？因此，也才有後面考中華電信，專業科目筆試九十分，以及普考上榜的結果。所以上榜，除了念書之外，一定要參加考試。然後接下來就是一直考試，記取每次考試的經驗，以及研究考試的結果，補強自己欠缺的部分，就會考上了。

▼如果你是新手且兼職準備

還記得前面提到的觀念嗎？準備不足，考不上是正常的，那你急什麼？而且考上的人走過的路，你也要走過，所以規劃跟前一節差不多，但在時間上你要有心理準備，你可用的時間就是比別人少，所以準備的時程要拉長。別人是全職準備，一天可以念九～十個小時，甚至更多，但因為你要上班，所以，你一天只能讀大概三～五小時，如果你還有上補習班，可用的時間就更少了。所以，你一定要了解你的時間只剩多少，然後，正確的觀念，考上要有實力，實力需要時間累積，預計你至少要撐個兩年（一年一定不可能，但快一點，一年多應該有成效）。

我們把飄渺的說法化成數字，這樣算好了，以新手全職準備的時間來算，兩個月打基礎，一天念書九小時（包括補習班上課是十二小時），兩個月算六十天好了，所以，打基礎時間就要 9×60＝540 小時（包括補習班上課就是12×60＝720小時），而現在你一天只能讀四小時，加星期六整天十二小時。一個星期是4×5＋12＝32小時。拿540÷32＝16.875週，約一百二十天；包括補習班上課是720÷32＝22.5週，約一百六十天，大約是四～五．五個月後，基礎才能打好。

（註：前面提到，以一科十五章×六科專業科目＝九十章，一天看兩章計算，約四十五天看完基礎書，再來十五天緩衝是用來看進階書，所以，大概兩個月左右就可以開始看考古題；另以我個人準備的經驗，二〇一二年十月一日開始到二〇一二年十二月初開始看考古題的驗證，其實時間上是差不多。所以是兩個月打基礎。）

同樣的，你還是要做課表，安排你自己的讀書計畫，一個星期的最後一天，還是要記得回憶一下你念了什麼。然後在把基礎打好後，可以開始看進階書以及考古題了。相同的，跟全職準備的人比，你就是少了人家一點時間，所以冷靜下來，實力不到，考不上是正常的。而且你的運氣，不會像你想像的那麼好，就是少做一點白日夢，正視實力不夠這件事。

▼如果你是老手且全職準備

其實這個分類，還可以細分為兩類：一是準備很久了，但還沒通過任何考試；二是準備很久了，有通過考試，但沒去報到，而且有其他目標。

1. 準備很久了，但還沒通過任何考試

如果你是屬於這一類的朋友，我相信你已經有實力在，但實力應該還沒有很穩定，也就是有跟通過考試的人相比較的話，應該有一些細微的差異在，才會導致你還沒通過任何考試。根據這個狀況來說，我個人的分析是：

(1) 調整心態

其實，這一點是從我準備考試時的戰友們身上發現的，曾經有個朋友在考試後我們一起聊天，當時他說：「這題我有看過，但我忘記寫什麼了」、「差一點，我相信我快要可以上榜了」。我當時很想跟他說，實際上這一句是沒有考上的人安慰自己的說法，而且我深怕他在未來的考試中，一直用這句話來麻醉自己。不管什麼理由，結論就是「沒考上」。

所以，要先調整心態，了解自己的狀況是什麼？然後怎麼調整，才能讓自己考上。而不是繼續回去亂槍打鳥式的念書，催眠自己，說書自己都看得很熟了，只是運氣不好，所以這次又沒考上。

前面提過的，我的心態是「長痛不如短痛」、「會不會這題不會，就考不上了」。所以你要做的是把一些不熟的補好；或是把一些你沒有準備好的答案再精進（發現自己準備得不好，調整成為更好的答案）。

(2) 分析自己的問題

簡單的說，就是把過去的成績單拿來檢視一下，看你的得分是哪一科比較低？哪個題目得分較少？看是不是真的這些題目你剛好沒看到，因為不熟，所以寫不出什麼東西來，導致分數比較少，那你就要加強那個題目相關的知識。

如果沒有不熟，是不是你在準備考試的過程中，你準備的答案方向寫錯了？還是寫法有問題？找出原因，然後對症下藥（這就是下一節的部分）。

(3) 訂定改善方向以及執行

從(2)的部分，你知道了自己的問題，所以，接下來就是根據問題做修正。如果是不熟，那就趕快找出相關的資料，進行歸納，並努力熟悉它；如果是寫錯方向，代表自己看錯題目，那就是告訴自己下次要在考試的時候，穩定自己的心情，讓自己不要犯錯；如果是寫得不好，就要研究一下你歸納的內容以及考試的寫法，讓自己習慣這個寫法。

不論上面是什麼原因，一定要再練習，把它們變成反射動作，以確保這個題目再出來的話，你可以儘量拿到所有的分數。

(4) 調整後的你繼續參加考試

改善了自己的問題之後，當然要繼續考試，才能通過考試囉！但記得要把握每次調整的機會，不然繼續挑戰，也只是浪費。

2. 準備很久了，有通過考試，但沒去報到

我想能通過考試但不去報到，應該是有心儀的工作。其實你已經找到通過考試的方法了，所以也沒什麼好分析及建議的。

唯一要提醒的，就是小心驕兵必敗，畢竟考試不是只有把書念完，還有很多周邊的情形要處理，只要能把所有會影響考試的問題都處理掉，應該通過心儀工作的考試沒什麼問題啦！

▼如果你是老手且兼職準備

跟前一項一樣，可以細分為三類：一是準備很久了，但還沒通過任何考試（在私人企業上班）；二是準備很久了，有通過考試，但沒去報到（在私人企業上班）；三是通過考試，且已經在泛公職服務，但仍然繼續考。

1. 準備很久了，但還沒通過任何考試

與「老手且全職準備：準備很久了，但還沒通過任何考試」的分析及建議一樣，所以不再做說明。

2. 準備很久了，有通過考試，但沒去報到

與「老手且全職準備：準備很久了，有通過考試，但沒去報到」的分析及建議一樣，所以不再做說明。

3. 通過考試，且已經在泛公職服務，但仍然繼續考

這類的考上，其實說最有優勢，但也最劣勢。優勢的部分是你已經知道怎麼準備可以考上；劣勢是因為工作及壓力的問題，才會造成你想換工作，也因為工作上的狀況以及在工作中，你沒辦法拿出書來看，所以你能念書的時間不如以前全職那麼多，而且要根據工作狀況調整讀書時間。所以，最關鍵的一點是，你是不是**真的想換工作**，這**才是影響**你會不會**考上的因素**。

抱歉，我又要舉個人為例子了，大概是我的心魔一直存在，就是一直沒考上高考不罷休；加上在國營企業時，發生一些不愉快的事，所以在那年的農曆過年後，我決定再開始準備高考考試的複習，離開國營企業。

先說明一下當時的狀況吧。其實進公司之後，自己「被」加入了一個公司蠻先進的團隊，做了一些有關大數據的工作，也負責建構這個系統，寫這個系統的程式，其實一直都算蠻忙的，基本上，系統絕大部分是我建立及做出來的。以在資訊業待過的原因及經驗，自己一直是本著職責所在，非常認真的在協助公司建構系統，也非常了解整個資訊團隊在建立系統的時候，各個角色及人員的重要性。只是不知道是不是大部分泛公職的長官都認為，系統只要嘴巴講講就會自動出現了，而且認為如果不是自己開了個頭，哪會有這個系統的緣故。所以，慢慢的感覺到了長官對開發人員的不尊重。隨著時間的過去，後來自己也清楚了狀況，決定投入考高考的行列，而且一定要考上。

後來剛好自己工作所在的團隊，在考高考的那年參加了一個蠻重要的比賽（國內蠻高層的黑客松比賽），比賽從準備高考的那年四月開始一直到六月份，所以，這段時間上班大部分的時間都花在這上面，況且上班不可能讓你在那邊看書，主管看到你在看書，他一定會找你麻煩。所以，書一定要找其他的時間看，那就只剩下晚上及早上還沒出門上班前了。因此，我訂了一個非常長痛不如短痛的計畫，在公司就專心工作，下班該做好的家事也都做好，然後大概晚上十點半就上床睡覺，不過凌晨四點就逼自己起床複習，每天這樣做，一直到考高考。

所以，那年其實最難捱的就是四月到六月的那段比賽的日子，一邊要準備比賽，一邊要念書。不過，我也可以很驕傲的說，我們的比賽結果很好，而且我也成功的考上高考。所以我還是要強調，「心態」真的很重要。

書不是讀過就好，要有方法

▼循序漸進，先念基礎，再碰進階及考古題

其實原因已經在前面提到，實力不夠，找出來的答案似乎很完整，但實際上不一定。如果又沒有重複的看教科書中的東西，答案永遠不會更新，實力就不會更新，本來就考不上了，沒更新還是會考不上，因為基本上準備就是不夠。所以，基礎要先有，懂了，才能寫出正確的答案。而且，不要似是而非的答案，**考試最重要的**就是要**答案正確，才能**拿到應該**拿**的**分數**，所以觀念對了，答案才會正確，這是無庸置疑的。

簡單的說，我們不能說那一題我應該有拿到一些分數，我們要的是確切的知道我們的回答是對的，而且可以拿到該題接近滿分的分數。

表 4-3 紙本筆記vs電子版筆記

	紙本筆記	電子版筆記
優點	1. 方便畫圖。 2. 可以訓練長時間用手寫的狀況。 3. 用手抄寫容易在念書的時候集中精神。 4. 可以模擬考試解答的方式書寫。	1. 可以名正言順的碰因為準備考試而不能用的電腦。 2. 方便修改內容。 3. 方便攜帶，只要有手機、平板，隨時可以叫出來看，考試當天很好用。
缺點	1. 手寫筆記容易累。 2. 雖然說用活頁紙，但抽換內容不方便。 3. 不容易攜帶，考試當天真的想帶，東西太多。	1. 如果要畫圖，通常比較花精神，除非用手寫板。 2. 碰了電腦容易喪失自我控制，做筆記做到最後，變成在休閒了。

註：因為電子版筆記難畫圖，所以儘量用文字即可，考試時可以方便提醒自己就好。

資料來源：作者提供

▼按表操課，勤做筆記

通過考試一定是要你本人通過才行，所以，自己有實力才會通過考試。如前面提到的，考上靠有實力，實力靠累積，所以怎麼累積實力呢？筆記一定要做，而且一定要自己做，做了才會是自己的東西。要讀別人的筆記，可以，但也是要把別人的筆記變成自己的東西。你整理過，才代表你有吸收，才會變成你自己的筆記，成為你考試的知識庫。

記得我在輔導其他還沒考上的網友時，遇到幾個比較厚臉皮，會一直問基礎題

圖 4-3 作者準備考試 9 個月內整理出來的紙本筆記厚度
（曾經整理過的應該更多，只是去蕪存菁後剩下這些）。

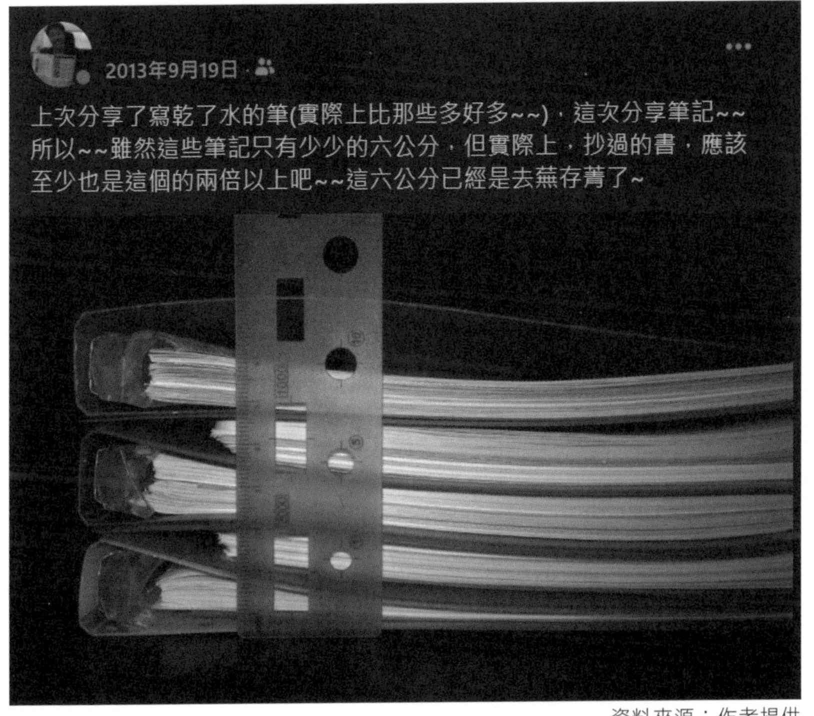

資料來源：作者提供

圖 4-4 作者電子版的筆記（放在雲端硬碟），在考試當天真的還蠻好用的，不需帶著一大堆的書跟著自己考試，就只帶了手機或是平板跟著自己而已。

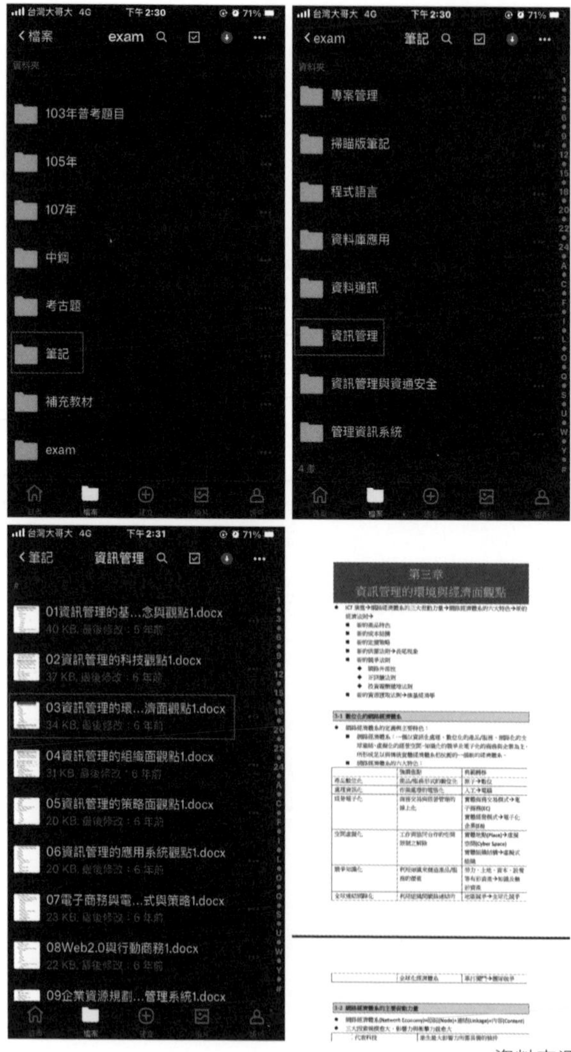

資料來源：作者提供

的那些網友，我都直接跟他們說，叫他們要回去看書，因為他基礎不穩，而且我不是他的免費老師，沒有義務要幫他念書，然後教會他。而且，如果教你的跟你一樣是還沒考上的人，他可以很清楚的教你，那你覺得是他通過考試的機率比較高，還是一直問別人的你機率比較高呢？所以按表操課，勤做筆記，累積實力是最重要的。

另外，筆記的部分，除了紙本的筆記之外，有時間可以試著做電子版的筆記。但不管是紙本筆記還是電子版筆記，各自有不同的優缺點。

▼遇到不懂的先折頁做記號，改天再看

在讀書的過程中，我也遇到過有東西看不懂的狀況。一開始的時候，我的想法是，是不是**不把這個東西搞懂**，我就**會減少考上的機率**，所以那時候，我強迫自己多花一點時間去弄懂它。不過，後來我發現，有時候搞不懂的**原因**是：1.當天氣場不對，怎麼看都看不懂；2.某個東西在你的腦袋突然卡住了，所以轉不過去；3.那個東西需要後面章節的知識輔助，你懂了那個之後，自然就會懂了；4.其他。不管是什麼原因，總之，就是**時機不對**，但**又不能跳過**它，所以**先**把它**折頁做記號**吧。隔天，或隔一陣子再看。但重點就是要記得回來搞懂它（折頁就是做個標記，讓自己不會忘

記它）。

▼可以的話，抄寫你所畫出的重點

這點有兩個好處：

1. 抄書，可以**幫助**你**心靜**下來，**幫助**把書裡的東西**記憶**在腦袋裡；所以，我在圖書館都是抄書。
2. 因為我們現行的**考試機制**是**筆試**，筆試就是**要寫**，所以，抄書可以幫忙你**習慣**考試時，短期內密集**寫考卷**的疲勞感。

為避免交待不清，這邊特別再說明一下，抄寫是為了集中精神念書，以及為了習慣考試時手寫的酸累。所以，這裡提到的抄寫，是拿廢紙在紙上一直抄寫，而我在開始念書之前，都會準備一疊廢紙，然後一邊念書，一邊抄寫，這是我個人念書時集中精神的辦法，提供給各位做參考。而筆記是真的整理過，才寫在活頁紙上。

▼每科準備兩本活頁筆記本

活頁筆記本的用處是**方便抽換**；念書做筆記的過程中，一定會有更好版本出現的狀況，所以要用活頁紙寫，可以的話，相近的題型放在一起，以方便你插入活頁紙，或是更換比較好的版本。

圖 4-5 為了把該記的內容記住，持續不斷的抄寫下，自己寫到沒水的筆，如個人當時在 FB 分享的，但應該不止這些數量而已。一開始沒想過要做這個紀錄，已經丟掉一大堆。

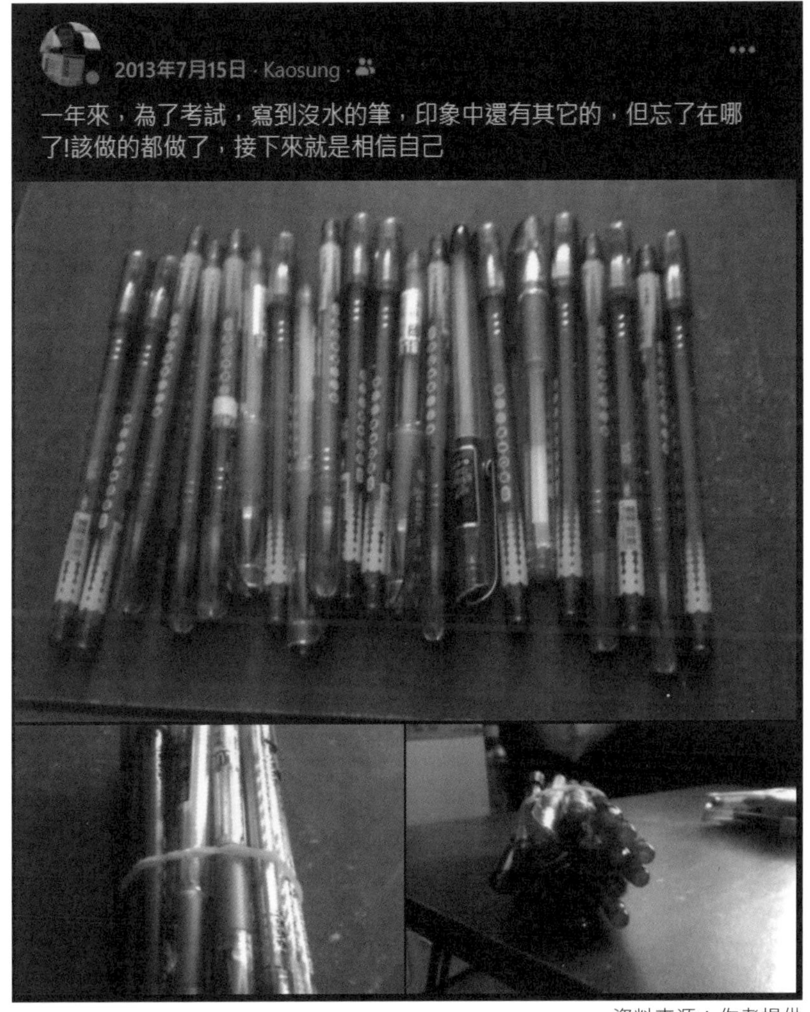

資料來源：作者提供

另外，兩本的用意是**方便分類**，念到最後，會有熟的跟不熟的。熟的放一本，然後大概一個星期、二個星期才複習一次；不熟的就要念到熟，所以，要一～二天就強迫自己記一次。等到熟了，再把它調整到熟的那本（其實每科也可以只有一本，但中間要隔開，前面放不熟的，隔開的後面放熟的）。

▼熟記每科的目錄及章節標題

就算不背，念書念到最後，你也會能背出這些東西。記得嗎？考試要熟，才能考上。所以就算你不背，最後你考上的那當下，你也一定會**背**。因為你熟，所以當**目錄**背出來，你也自然可以想起每章大概有哪些內容。早晚都要背，所以早點跟它們熟一點。其實這點在考試期間，尤其在考試當天，每科考前，甚至碰到不好寫的考題，都能有好處（相關好處，在後面章節「考試當天」的部分會有說明）。

其實我在補習班的時候，有學到一個老師的一招，有點像心智圖，如圖 4-3（其實是樹狀圖，但我覺得也可以用心智圖）。

・進入考古題後，準備內容要實際有用，最好大量練習類型相似的題目。

圖 4-6 樹狀圖舉例

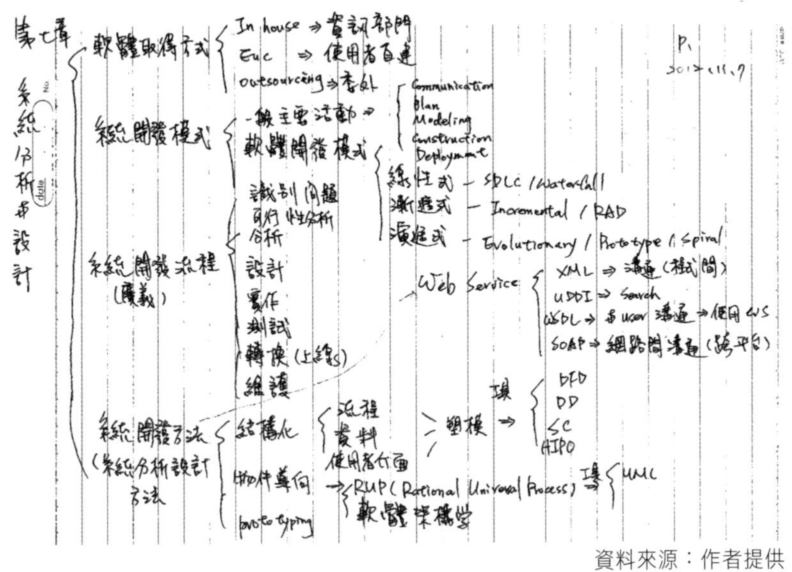

資料來源：作者提供

其實在進入考古題之後，一定會更有考試的感覺，所以念的內容要**實際有用**，也就是說**出題機率高**的，你一定要會，也一定要**儘量拿滿分**，舉例來說：（以下舉例都是我那個年代的東西，各位在準備的時候，也要歸納一下你那個年代常出什麼樣的考題，然後密集練習它們。）

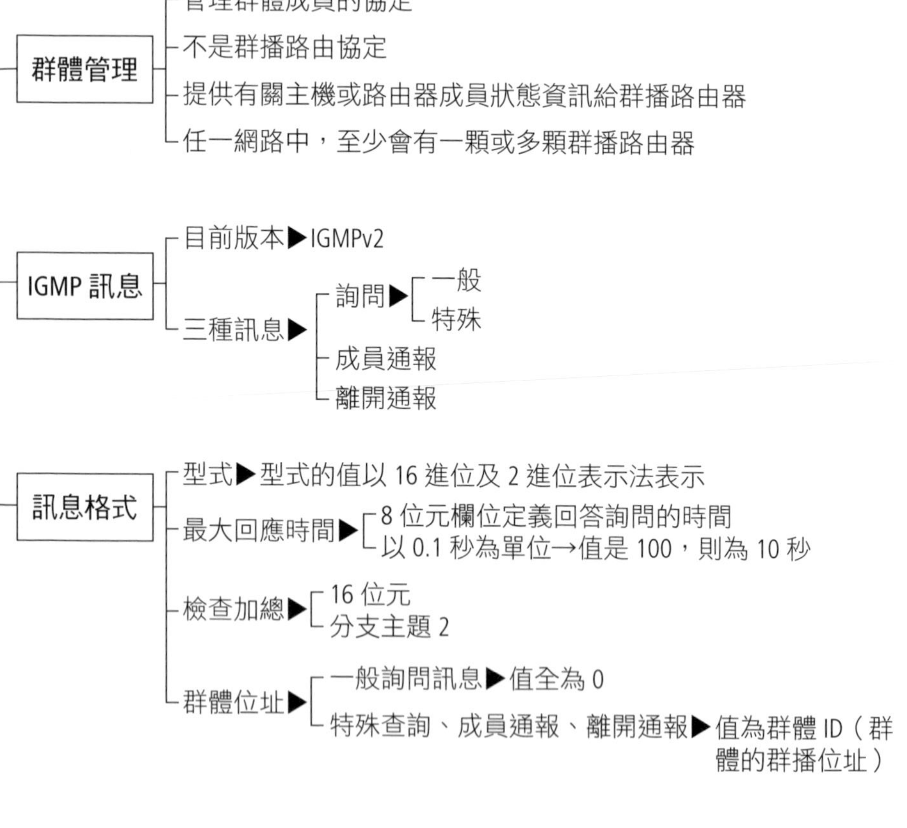
群體管理
管理群體成員的協定
不是群播路由協定
提供有關主機或路由器成員狀態資訊給群播路由器
任一網路中，至少會有一顆或多顆群播路由器
IGMP 訊息
目前版本▶IGMPv2
三種訊息▶
詢問▶
一般
特殊
成員通報
離開通報
訊息格式
型式▶型式的值以 16 進位及 2 進位表示法表示
最大回應時間▶
8 位元欄位定義回答詢問的時間
以 0.1 秒為單位→值是 100，則為 10 秒
檢查加總▶
16 位元
分支主題 2
群體位址▶
一般詢問訊息▶值全為 0
特殊查詢、成員通報、離開通報▶值為群體 ID（群體的群播位址）

資料來源：作者提供

圖 4-7 心智圖舉例

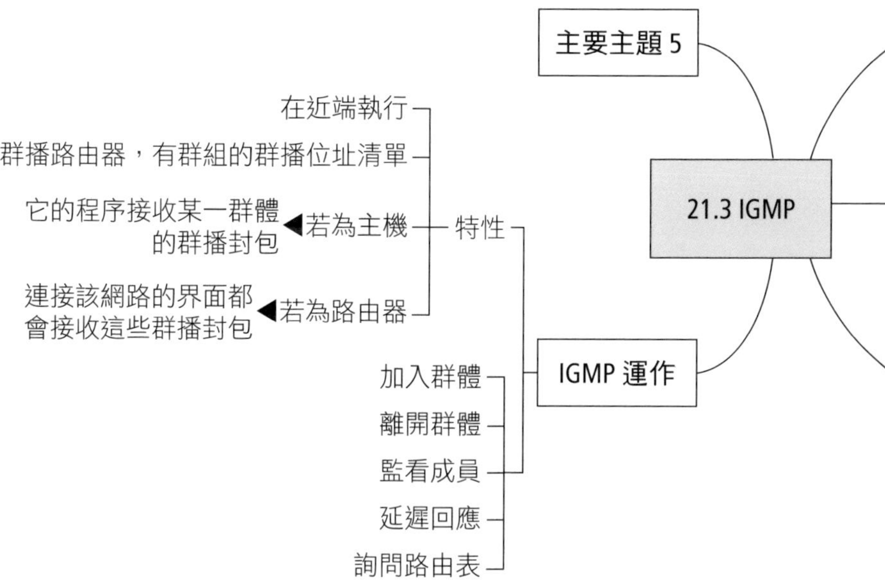
主要主題 5
21.3 IGMP
IGMP 運作
特性
在近端執行
群播路由器，有群組的群播位址清單
若為主機
它的程序接收某一群體的群播封包
若為路由器
連接該網路的界面都會接收這些群播封包
加入群體
離開群體
監看成員
延遲回應
詢問路由表

【舉例一】：（大量練習）

我們資訊處理的資料庫的ERD（EERD）的東西、SQL查詢語言、**關聯式代數、關聯式計算、功能相依、正規化、交易、並行控制、鎖定、復原**一定要練熟。（其實距上一次考試已經快三年了，都沒有再念書，自己都很訝異，現在還記得這些東西。）

那我就以其中的ERD為例（如圖 4-8）；不確定各位的考題中會不會有畫圖題出現）。我們資訊處理職系的考生，由於從事的工作都跟電腦的系統有關，在設計系統的過程中，為了將資料庫定義出來，都會畫ERD圖（實體關係圖），如本節標題所示，「進入考古題後，一定要實際有用」，意思就是大量的找過去的考古題，或是一些教科書上面的ERD習題，然後儘量的練習，因為每年考題應該都不會重複，所以，儘量練習就是要做到沒看過的題目也能畫對才行。要跟題目有關，不要找了一堆不對的練習題，不知道這樣解釋是不是夠清楚。同樣的狀況，如果是會計職系，會計的題目若是計算題，在題目小變動之後，還是要能算出對的答案才行。所以，如果你跟我不同職系，你也可以了解是不是有一些科目是需要大量練習的，找這些題型一直練習。

圖 4-8 為資訊處理職系很常考的ERD練習題型之一，主要想表達因

為常考，所以要大量練習ERD的題目（考試的考題類型有：依題目給的資料畫圖；或是給你圖，要你解釋這個圖的意思）。

以資訊處理職系的考生來說，要先了解每個圖形代表的意義（方塊代表實體、菱形代表關係、圓圈代表實體的屬性），再跟據ERD的規則將圖畫出來。ERD畫圖時，要先將「實體」及「關聯」區分出來；「實體」帶有什麼「屬性」，「實體」與「實體」的關聯是「1對1」（1:1）、「1對多」（1:N）、或是「多對多」（N:M）。

依圖4-8來說：（只解釋「客戶」與「汽車」的部分，餘略…）

1. 「客戶」跟「汽車」是實體（所以用方塊標示它們）、「客戶」跟「汽車」之間的關係就是「擁有」（用菱形標示）。
2. 「客戶」可以「擁有」多輛「汽車」，但每一輛「汽車」一定只會有一個主人（客戶）。
3. 「圓圈」看連接的「實體」是哪一個，與「客戶」連接的是他的「屬性」，與「汽車」連接的是「汽車」的屬性。

【舉例二】：（實際有用）

同樣的，在「SQL語法」這個項目，要大量練習相關語法，而圖4-9

圖 4-8 汽車、使用人、保險及事故之間的 ERD 關聯（資訊處理職系考古題之一）

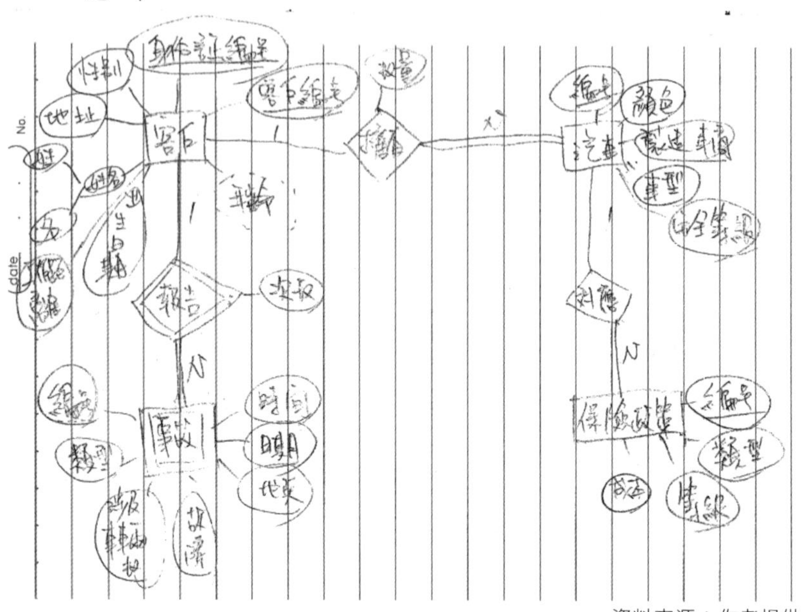

資料來源：作者提供

圖 4-9 SQL 語法彙整及舉例（筆記內容）

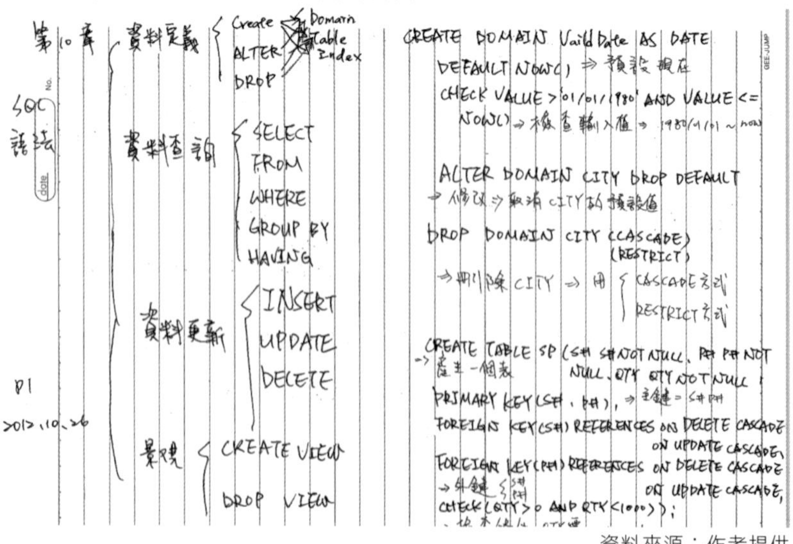

資料來源：作者提供

SQL語法是個人準備考試時，歸納出來的語法（筆記），左邊是依用途進行歸類，右邊是舉例，用來提醒自己語法如何使用。

【舉例三】：（實際有用，大量練習）

另外，像我們這個職系有一個科目叫「資料結構」，其中有一個部分是各種搜尋的程式的程式碼，有可能會考，所以，我會在考前一個月密集的每天背一次它的寫法，甚至在電腦前面每天打一次所有的程式碼，執行結果。其實，我們這職系很需要邏輯觀念，雖然我是懂得整個程式的邏輯，只是考試的時候，沒時間讓你慢慢用邏輯推出來，如果你用背的，把它背出來是不是會比較快寫出來，讓你可以多一些時間寫其他的題目呢?!

說到這裡，不是寫出來給你看而已，而是也希望你假如是跟我不同職系的考生，你是不是**有什麼科目也是可以先背起來備用**，幫助你在考試的時候能夠**多拿一點分數**，讓你可以有**多一點的時間寫考卷**。

▼不同考試的考古題，題目出題的方向會不太一樣

如本書最前面所提到的，國家考試分很多種類，如普考、高考、特考（又可分為移民特考、地方特考、關務特考⋯之類）、國營企業聯合招考、升官、調查局、國安局、鐵路考試⋯等。每種考試範圍都差不多，但考題方向會略有不同，這點在各位開始做考古題的時候，儘量在做的過程中抓出不同的地方，而在考不同的考試的時候，往相關的方向去準備。

以資訊處理的「電腦網路」這一科來舉例，高考大部分會考觀念題；特考則比較會出實務、應用相關。觀念題的部分，就是要清楚題目提到的東西是什麼，為什麼會這樣？有什麼好處、壞處？可以如何應用？實務、應用相關的不是只寫內容，它通常可能會問到很細節，例如：要你計算數值，或是實際上的設計（不是只講粗略的觀念，會細微到實際上是什麼？）；應用題目的部分：實際上要怎麼做？

舉例（仍以電腦網路的東西為例）來說好了，高考的觀念題會問：網路七層的實體層的工作是什麼？回答只要說明：與傳遞的另外一方溝通好，我要跟你傳資料了，傳遞的方式是×××；然後，將來自上層的電子資料依溝通好的方式進行取樣、量化、編碼，然後轉成電子訊號傳送。對方收到後，再以溝通好的方式將電子訊號轉回為電子資料，另外一方的電

腦才能了解傳了什麼資料。（資料與訊號不同，要透過網路將資料傳到另外一方，一定要轉成訊號，才能在實體線路傳遞。）

而特考會考得比較細的意思是，實體層的電子訊號的長相是怎樣？用什麼編碼方式，傳輸速度是多少？或者說，如果我要達到速度是 100mb 的話，要用什麼編碼？

還是要再說明一次，因為我是資訊處理職系，所以，所舉的例子都會是與資訊處理職系相關的，而上面的舉例，對你來說可能是天書，不過，我只是要你體會一下題目出題的方向。依上面的例子，不知道你是否可以體會到不同種類考試之間的差異。

其他職系的考生，建議你在開始做考古題之後，可以簡單的了解一下，你的職系是否會因為考試種類不同，而有比較偏向某個方向出題的狀況，所以在準備不同考試的時候，應該加強那個考試的相關題型。

▼準備考古題時，體會科目大部分出題的章節

另外一個可以注意的重點是，在開始準備考古題的時候，你可以體會到某些章節出的題目會相對比較多，意思是代表這些章節是重點，一定要熟悉。然後，儘量搞懂所有考古題的題型，做好相關的準備。

再強調一次：

1. 出題多的章節，一定要熟，儘量把每個字都讀過，以避免漏掉哪一個重點。
2. 搞懂這些章節的考古題，並且歸納問題大概都是問哪些方向的題目。
3. 根據歸納的結論，另外整理筆記（就是準備好考試要用的答案），並熟記它。

▼每個星期的最後一天，一定要回顧一下這星期做了什麼

再簡單、實際一點的說，就是你一定要知道這週你念了什麼，可以背的話，就背出來。這點是為了了解自己的進度，還有之前說的，分熟與不熟的兩個部分，讓自己明確的知道什麼部分你又完成了，可以一～二個星期才複習一次，什麼部分你不熟，要再注意；然後，下星期要進入哪個部分？而且人性如此，在一切都不明朗的時候，會懷疑自己做這些有沒有用？所以，要定時看看過去的自己，再來參加考試，你也比較安心，因為你會知道你現在懂了哪些，題目出來也比較不會心慌。

方法很簡單，就是在最後一天放鬆自己完了之後，找一個時間靜下心

來，然後，最好有一本類似日記本的東西（嚴格來說是週記本），裡面的內容可以讓自己知道自己這週做了什麼。可以的話，當然做一下統計更好。這樣你除了可以清楚的知道自己這個星期做了什麼之外，還可以知道整個過程你的進度到哪了。

▼記錄進度的方法

應該會有朋友對如何控制進度的方法，還是有點模糊，除了每個星期回想自己這個星期念了什麼之外，是不是還有更加清楚的方法，可以讓自己記得這個星期之內念了什麼？或者是自己到底念了幾次？我有一個可以方式可以提供你做參考，只是這個方式僅限家裡有電腦，且電腦裡有裝 excel 的朋友們。

另外，也需提醒一下，使用電腦僅限在做紀錄；或讀書的時候使用，不要用著用著就開始上網休閒了。真的要休閒的話，記得要做好自我管理。我之前在準備考試的時候，是會上網打電動，但我自我管理的部分做得還不錯，時間到了，我就會自己停下來，馬上去念書。另外，這個紀錄的方式可以每天更新，但到了週末，要再更新「樞紐分析表」。

有關這個方法，也有幾個點要注意一下：

1. 如果是剛開始念書的朋友，其實是分不出來項目的，項目通常是開始做考古題之後，才會對項目有感覺，那這個時候，項目要填什麼呢？我的建議是如實寫「基礎」，也就是打基礎，也可以記錄一下，因為這時你分不出來項目，等到你已經熟了，才寫項目（就是考古題問的是屬於哪個部分的題目）。

2. 另外一個點是，大家家裡的電腦如果有裝 excel，可能大家的 excel 版本會不同，所以，大家的操作過程應該會不太一樣，下列顯示的操作過程，只是提供一個示意讓大家建立進度表。實際上遇到的時候，可能需要大家依自己的版本稍做調整，應該都能達成記錄的目的。

3. 如同考古題一節所提到的，有時候某些科目的某個部分會比較多，這是正常的，因為它題目比較多，因此要準備的次數就會比較多，所以這個表只是讓你知道你看了幾次，不代表它是平均，重要的部分當然就是要多複習幾次。

有關使用excel記錄自己讀書的部分，請參考下列動作：

1. 建立資料

(1) 打開excel，並在A1／B1／C1／D1輸入「科目」、「章節＋章節名稱」、「項目」、「日期」。如圖4-10中紅框的部分。

(2) 第2個步驟，就是每天記錄念書的內容、什麼科目、哪一個章節，而「項目」的意思是，因為考量到考試都是找某個科目的某個章節之中的某個內容在問，所以特別再把它獨立出來。最後一個就是記錄你複習到它的日期（如上圖紅框之外

圖 4-10

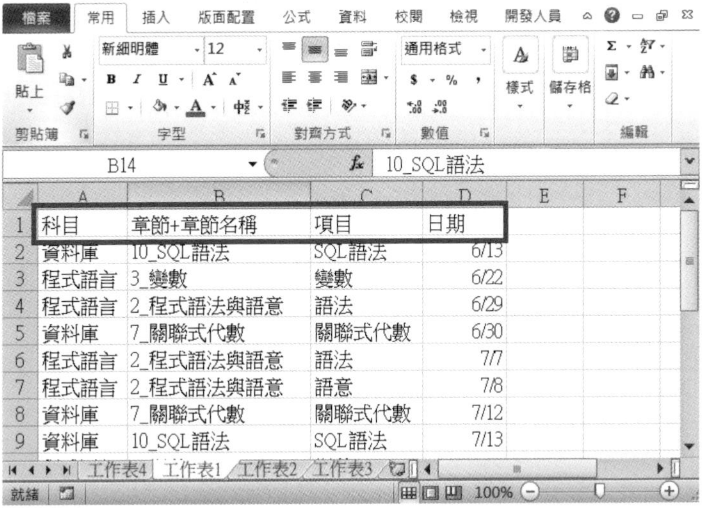

B14 | fx 10_SQL語法

	A	B	C	D
1	科目	章節+章節名稱	項目	日期
2	資料庫	10_SQL語法	SQL語法	6/13
3	程式語言	3_變數	變數	6/22
4	程式語言	2_程式語法與語意	語法	6/29
5	資料庫	7_關聯式代數	關聯式代數	6/30
6	程式語言	2_程式語法與語意	語法	7/7
7	程式語言	2_程式語法與語意	語意	7/8
8	資料庫	7_關聯式代數	關聯式代數	7/12
9	資料庫	10_SQL語法	SQL語法	7/13

工作表4 工作表1 工作表2 工作表3

的部分）。你可以儘量將相關的內容分得更細一點。例如，在我們這一科，「ＳＱＬ語法」這個項目其實範圍很大，就可以將ＳＱＬ語法再細分為ＳＱＬ-基礎語法／ＳＱＬ-進階語法／ＳＱＬ-高階語法（僅舉例說明，因為擔心無法短時間完成所有的項目，所以分細一點，可以說明有複習到其中某一部分；這部分則由你自己定義你自己熟悉的部分）。

2. 查詢資料

在累積一段時間之後，你想知道你已經複習過幾次，這時可以依照下列步驟進行。

(1) 用滑鼠把A～D都選起來（在A上面按下滑鼠，並拖拉到D，再放開滑鼠），結果會像圖 4-11（所有的A～D的資料都會被選起來）。

圖 4-11

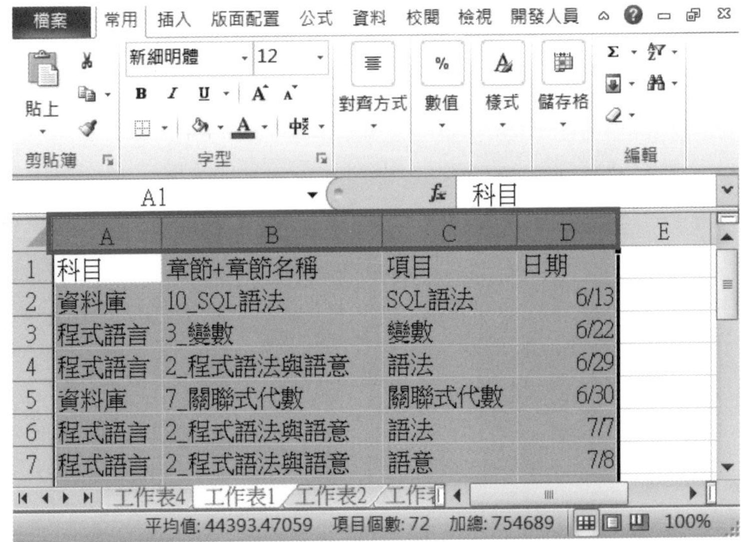

(2) 接下來，在功能區中點選「插入」下的「樞鈕分析表」。

圖 4-12

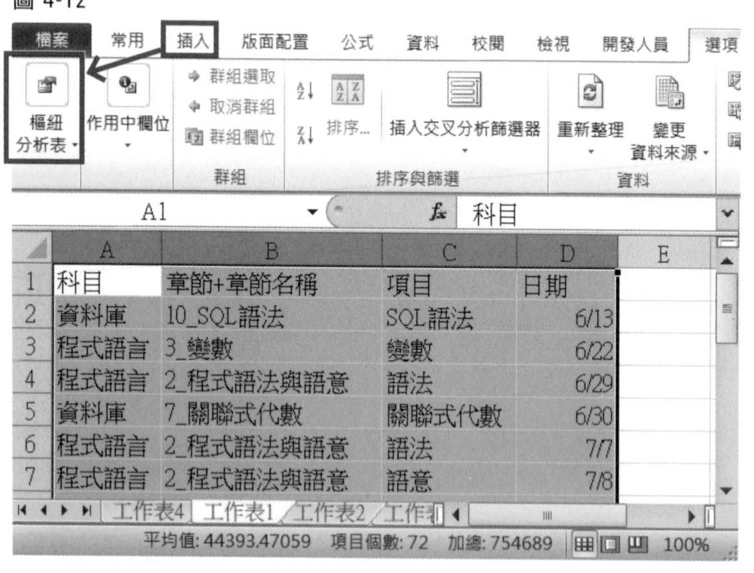

(3)在跳出來的視窗中（建立樞鈕分析表），直接按下「確定」。

圖 4-13

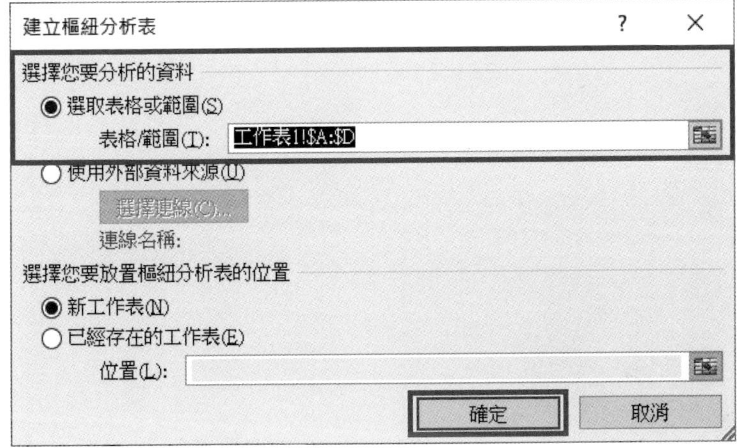

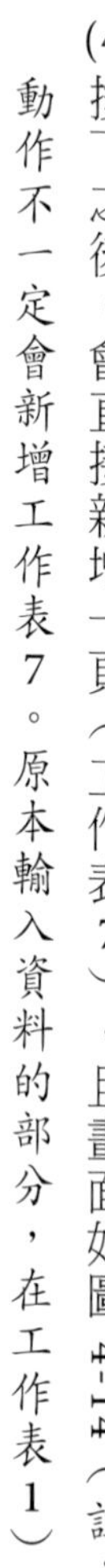

(4) 按下之後，會直接新增一頁（工作表7），且畫面如圖 4-14（註：此動作不一定會新增工作表7。原本輸入資料的部分，在工作表1）。

圖 4-14

(5)請大家在右邊的部分，將「科目」拖拉到「報表篩選」；「章節＋章節名稱」拖拉到「列標籤」；「項目」拖拉到「列標籤」（「章節＋章節名稱」之下）；「日期」拖拉到「欄標籤」；最後再拖拉「項目」到「值」。你會看到像圖 4-15，它會清楚的列出你每個科目、每個章節、每個預目，你在何時準備過。

圖 4-15

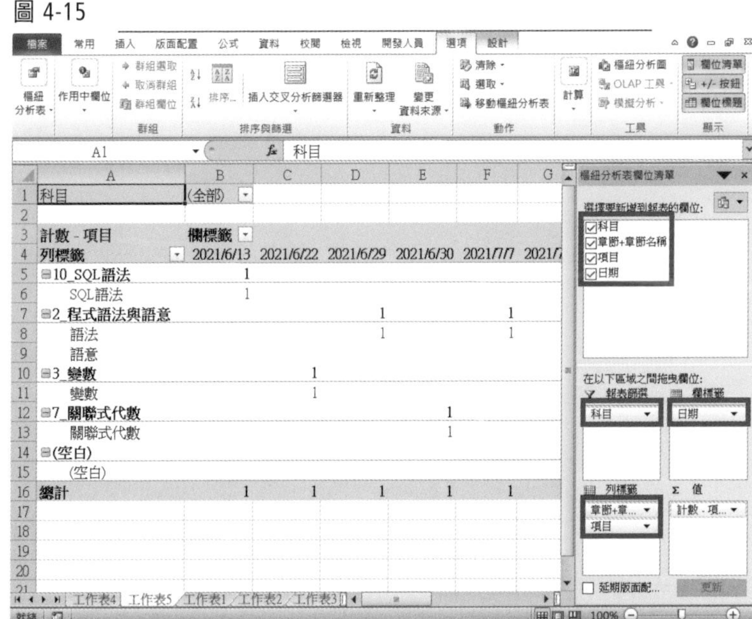

	A	B	C	D	E	F	G
1	科目	(全部)					
2							
3	計數 - 項目	欄標籤					
4	列標籤	2021/6/13	2021/6/22	2021/6/29	2021/6/30	2021/7/7	2021/7
5	⊟10_SQL語法	1					
6	SQL語法	1					
7	⊟2_程式語法與語意			1		1	
8	語法			1		1	
9	語意						
10	⊟3_變數		1				
11	變數		1				
12	⊟7_關聯式代數				1		
13	關聯式代數				1		
14	⊟(空白)						
15	(空白)						
16	總計	1	1	1	1	1	

(6)往右拖拉卷軸，就可知道你總共復習了幾次。

圖 4-16

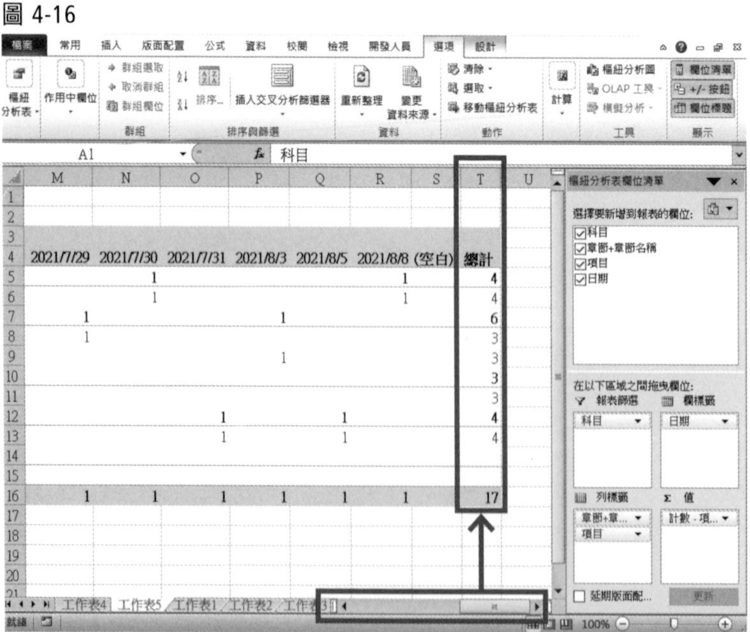

3. 更新資料

建立好記錄資料的檔案之後，要如何持續更新資料呢？請參考下列操作。

(1) 在輸入資料的那一頁（工作表1），繼續輸入新的資料，如圖 4-17，我新增了「電腦網路」科目的東西（日期分別是 2021/8/1 及 2021/7/31）。

圖 4-17

	A	B	C	D	E
10	程式語言	3_變數	變數	7/17	
11	程式語言	3_變數	變數	7/22	
12	程式語言	2_程式語法與語意	語意	7/28	
13	程式語言	2_程式語法與語意	語法	7/29	
14	資料庫	10_SQL語法	SQL語法	7/30	
15	資料庫	7_關聯式代數	關聯式代數	7/31	
16	程式語言	2_程式語法與語意	語意	8/3	
17	資料庫	7_關聯式代數	關聯式代數	8/5	
18	資料庫	10_SQL語法	SQL語法	8/8	
19	電腦網路	1_實體層	編碼	8/1	
20	電腦網路	2_資料鏈結層	滑動視窗	7/31	
21					
22					

(2) 輸入之後，切換到剛剛「樞鈕分析表」那一頁（工作表7），並在功能區中點選「資料」下的「全部重新整理」，新加入的「電腦網路」的資料就會自動產生在下方。

圖 4-18

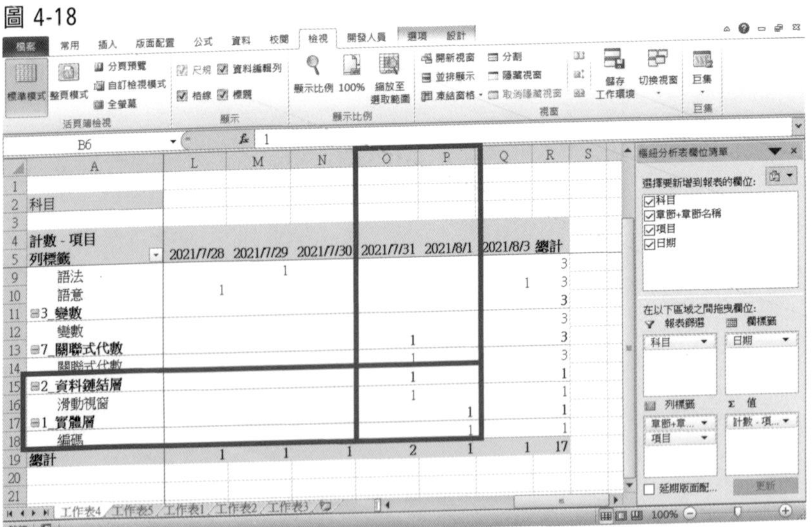

4. 篩選資料

當紀錄一多的時候，這個「樞鈕分析表」就會很龐大，不好閱讀，這時我們要透過 excel 的篩選功能，將資料簡化，讓它比較好閱讀，請參考下列操作方式。

(1) 在「樞鈕分析表」這一頁中，點擊「科目」欄位右邊「全部」的下拉圖示（紅色框處），你會看到圖 4-19 所示。

圖 4-19

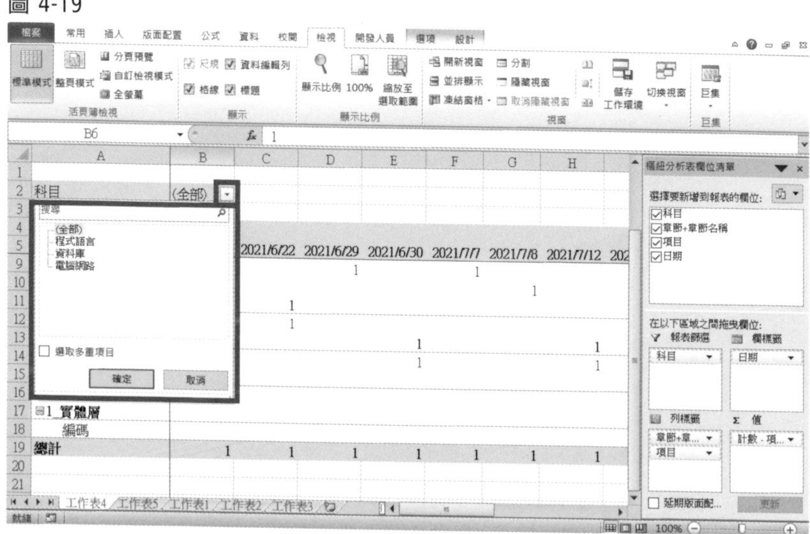

(2)可以試著選「程式語言」、「資料庫」、「電腦網路」，下方的資料會自動過濾相關資料，就可以讓你了解目前你已經看了哪些範圍，念了幾次。要回到顯示所有科目時，可以選「全部」，就會回到所有項目的資料了。

圖 4-20

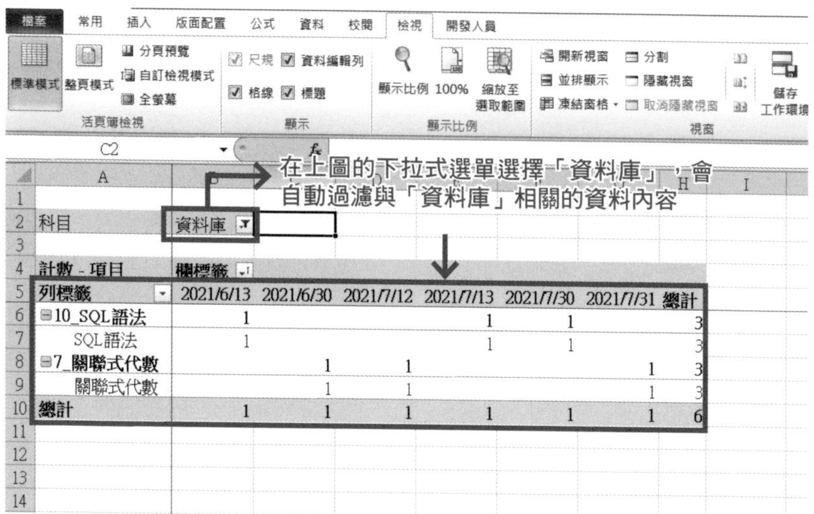
在上圖的下拉式選單選擇「資料庫」，會自動過濾與「資料庫」相關的資料內容

圖 4-21

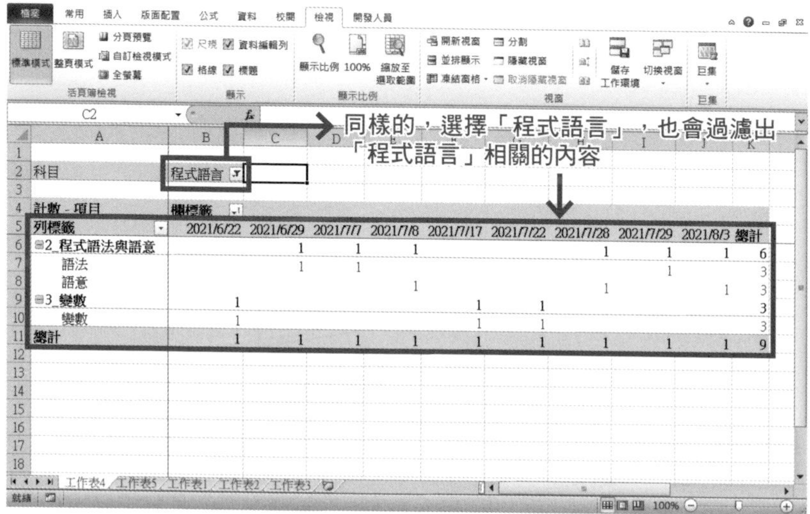
同樣的，選擇「程式語言」，也會過濾出「程式語言」相關的內容

以上就是簡單的透過 excel 來記錄讀書紀錄的部分。可能有些人不太了解做這個的用意是什麼？說明一下，前面提到的，光是念書，沒上場考試，你永遠不會知道自己的程度到哪了？考完試，成績出來，你看到考官給的成績，你才會知道自己得了幾分。但有時候會有一個狀況是，你自己覺得你已經準備得很好了，但得到的成績卻不如預期。那到底是哪裡出問題了呢？有了上面的讀書紀錄，就可以用來與成績相互對照，了解兩者之間的狀況了。

如果是得到的分數偏低，而且讀書的次數偏少，或完全沒有記錄，那代表你準備得不好或是沒準備。而如果是得到的分數偏低，但讀書的次數正常，那代表可能你讀的內容有遺漏，或是你歸納的回答方式有問題，需要再做調整。

▼參加讀書會

其實，這點也是有幾個好處：

1. 有許多人覺得在準備國家考試的路上是孤獨的，所以，參加讀書會會讓你比較不那麼孤獨。不過，這個部分要拿捏好，讀書會只是讓你放鬆心情，不是要你參加讀書會聊天的。如果一個讀書會都是在聊一些跟考試無關緊要的東西，那記得要管好自己。（當然小聊可以放鬆心情，無傷大雅。）

2. 如第一點所說的，挑一個對的讀書會，大家在討論的時候，會比較集中在問題上，你可以不表達，主要是印證你自己的觀點跟別人的相不相同。如果你覺得別人的答案比較好，或是說了一些你不懂的，就要小心是不是自己沒有準備好。但如果你發現別人沒有你懂得多的時候，你也可以比較放心。至於要不要分享，也是看自己，偶爾分享可以，但千萬不要在還沒考上之前，花一堆時間教別人，因為你會沒時間念書的。

簡單的說，就是要看自己的狀況，已經考上了，有時間就可以多分享。其實我的觀念是，如果一個人他真的很強，分享了自己的觀點，也沒什麼好怕的，因為別人就是不懂才會問，所以，不管怎樣應該都是分享的人比較強才是。只是因為考上才是第一優先，所以有時雖然很強，還是先考上再說。然後，考上之後，就算你可能還是會再考，你也不用怕分享給別人，至少你已經考上了。不是那種怕教會別人，擔心別人會跟你搶的狀況啦，因為再怎樣，都是考上的人比較強。

總之，讀書會的好處濃縮來說，就是不會讓自己覺得孤單；而且可以印證自己念的內容是不是對的。

有關讀書會怎麼搜尋及參加的話，不確定參考本書的你是否有到補習班上課，我在第一年準備的時候，是加入了自己補習班同學的讀書會，所以那時主要的活動都是跟著補習班的同學一起討論。在考上之後，才在各大國考論壇爬文，若有人發起線上讀書會，自己就會加入去看看狀況。所以，有關加入讀書會的部分，大家可以可參考這兩個來源。

▼幫助記憶的方法

其實這個部分，我們在學校的時候，就有過經驗了，通常都是透過「諧音」、「圖像記憶」及「順序」。

1. 諧音：例如：八國聯軍是哪八國？俄德法美日奧義英。
2. 圖像：例如：戰國七雄的位置。
3. 順序：戰國七雄滅亡的順序（通常小時候背戰國七雄的時候，會以順序來背，並在腦中記憶它們的位置）。所以，戰國七雄應該是綜合考量後，你取一個比較好的記憶方式。

以上應該是大家在求學過程中都有應用的技能。同樣的，在準備國考的時候，可以儘量用一些方式幫助自己記憶。關於這個部分，我也舉一個有關資訊處理職系的資安部分，參見圖 4-22，是我自己個人在準備的過程中，幫助自己記憶的方法（而你，也可以想個辦法幫助自己記憶）。

解釋一下我自己的記憶方式，第一列的「漏洞→弱點→威脅→攻擊」，我個人自然就會把它解釋成：「系統有漏洞會造成系統的弱點，系統有弱點就會造成威脅，威脅實際發生就會受到攻擊」。再來圖 4-22 也是用來幫我記憶的：「為什麼會產生『資安威脅』、『資安攻擊』事件？」

1. 大環境因素：

(1) 電腦化愈來愈多。

(2) 網路化愈來愈多，可以匿名及遠端操作，不易追查。

圖 4-22

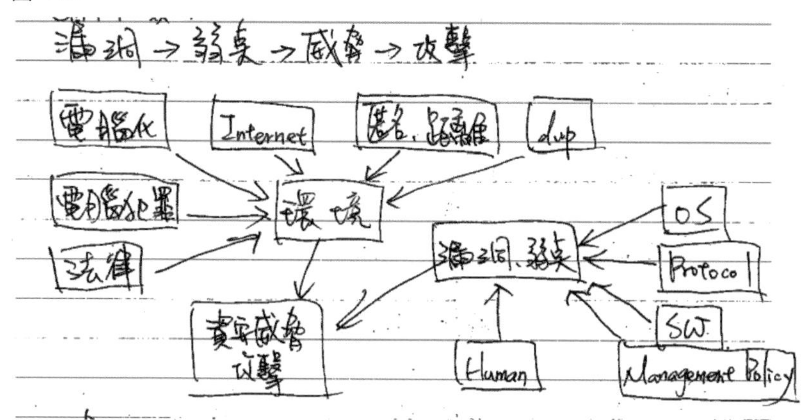

(3)容易複製（電腦病毒）。

(4)因為電腦多，而且大多連網，可以遠端匿名，容易透過病毒來進行電腦犯罪。

(5)也因為電腦犯罪是新興型態的犯罪，所以，法律上尚未訂定足夠的法條能夠嚇阻犯罪事件。

2.電腦相關環境因素：

(1)作業系統沒有更新。↓造成漏洞，容易被利用

(2)軟體沒有更新。↓造成漏洞，容易被利用

(3)通訊協定有漏洞。↓造成漏洞，容易被利用

(4)人為疏忽或有心人士直接從組織中竊取資料。

(5)實體的電腦使用環境管理流程不佳。

舉例的用意是有時候真的有一些東西不容易記憶，但轉個方法，可以幫助自己把它們記起來。希望這個能讓大家在念書的時候，也能想一些幫助自己記憶的方式。

▼共同科目的準備工作

有關共同科目的部分，主要是國文、法緒和英文，至於要不要準備、

如何準備，我覺得可以根據職系及科目佔考試比例來參考決定。有關職系的部分，意思是說某些職系共同科目的得分也很重要，一定要把握；但一定也有共同科目對他們來說不重要的職系。

佔考試比例的部分，指的是共同科目佔總分的比例，例如：普考共同科目的比重與專業科目一樣，佔十六%多，兩科就三三．三%了，所以重要性有比較高。高考的共同科目，則國文佔一〇%，法緒＋英文佔一〇%，剩下的專業六科佔八〇%，所以重要性降低。關務特考的部分，英文相對來說，是比較重要的，所以英文獨立成一科，比重也變重。國營企業、中華電信、…，各種不同的考試都有它的比例，可以從招生簡章或招生相關資訊了解一下比重，再決定你要不要準備，或是如何安排。

我個人的話，還會思考有沒有進步的空間？多得一分是一分嘛！有時候在錄取名額的臨界點，差個〇．〇一分，就會影響上不上榜…（依常態分配來看，總分愈高人數愈少，但接近錄取名額分數附近，人數是蠻多人的，所以差個〇．〇一分，就足以影響上不上榜了），所以，以前面提到的方式再做一次大環境分析及自我分析，得到下列我決定準備不準備的結果，以及若要準備，如何準備。

1. **國文：**

以我個人的考量為例：國文考試的部分目前仍然包含三個部分，選擇題、作文及公文。自我分析後，我決定只準備公文的部分，而且大約考前一個月才認真看，公文的部分主要是「格式」要對，也就是參考書的公文長怎樣，你考試的時候要把它整張背出來，內容的部分則是填入考題提供的相關資料。如前面提到的，要準備就要準備好，做對的事，一定要強迫自己拿到基本分數。

選擇題、作文，考慮過後，發現是吃老本的狀況，要經年累月的累積才行，所以，就沒花時間準備了。

（註：大家可以思考一下，這科對你的考科的重要性，還有自己判斷要不要準備。我們這職系的人是可以不用準備。）

2. **法學緒論：**

以我個人的考量為例：法緒的部分，有一半是憲法的內容。套一句補習班老師說的，憲法大概會出一半的題目，而且憲法是其他法律的根本法（意思是說，有一些考題雖然不是憲法的內容，但用憲法的概念可以去解題），如果能把憲法的部分準備一下，應該可以拿到還不錯的分數。但其實也不用花太多時間，基本上，我是去補習班上課的時候，才在課堂上聽老師說而已，剩下的就是考前三個月，我會每天花一點時間做一下題庫，不用急著做完，可以分成幾天做。一直到考試前，至少題庫整個做三次。注意我的方法是因為我覺得對我的職系來說不重要，才這樣準備的，若你的職系法律很重要的話，要提升它的重要性。還有我的方法是我自己的做法，僅供參考，每個人都應該自己選擇適合自己的準備方式。

3. 英文：

其實英文對我來說，是我出社會後一直都有在用的技能，平常在公司與不同國籍的同事聯絡，都是透過寫英文 e-mail 溝通的。但考了幾次，還是有發現問題，就是考試的單字難度及單字量。後來個人認為，英文的單字真的是考試的基礎，所以在後來參加的考試，自己就做了一個嘗試，就是依考試的類別，準備那個類別的英文單字。

做法就是把過去同類別的英文考古題找出來，每天從考卷中找十到十五個不熟的英文單字，查字典（從網路查單字意思也行）及背單字，然後寫在活頁紙上，第二天找另外十到十五個單字，然後，背第一天的十到十五個單字。不急，本來難的單字就是要花時間背的，第三天就再找十到十五個單字，然後，背第一天到第二天的單字，以此類推，慢慢的，你會把它們都記住的，時間也不會花很多。這樣一直到考試的時候，其實你記憶的單字就會很多了。記得單字一樣要分兩部分（筆記分熟與不熟），不熟的每天背，熟的一個星期到二個星期重新複習一次（不用擔心花時間，花不了你太多時間，除了第一次會比較久，後面的複習因為有印象了，所以其實很快）。

其實應該說，普通的英文單字我不用背，因為之前工作的時候，還蠻常使用的，所以之前在考中華電信的時候，英文考八十分；普考的時候，二十題對十五題；但國營企業與高考，英文會出一些平常比較不常看見的單字。以高考來說，我都大概二十題只能拿十題的分數，但後來用了上面的做法，我高考的英文變成二十題拿十七題的分數，所以，其實是有效果的。不過，記得，如果考高考，就從高考的考古題去準備；如果考國營企業，就從國營企業的考古題準備。

表 4-3 為英文單字記憶紀錄，表的左邊列出每一天的做法，等到單字熟了，再移到右邊，然後一個星期複習一次，若一個星期複習一次，仍然熟的話，可以再把時間拉長，但還是要找時間看一下。建議考試前一個月，可以做一次總複習，有念過就會有印象，所以，在考前再一次把這些單字叫回腦袋中。這個方式，其實也可以應用在其他科目。

考試前後應注意哪些事

考試前

▼考前三個月之前（有半年以上更好）

持續不斷按照「讀書的方法」一節的方式進行，念書先打好基礎，再練考古題（請注意，一定要循序漸進）。

另外，準備考試是精神活，一直坐著念書，體能自然會下降，體能下降，身體可能就會受影響，容易生病。所以，為了保持身體健康，建議每天花一個小時運動一下。運動除了會增加體能，保持健康之外，也會製造腦內啡，幫忙抵抗因為要準備考試而來的各種精神壓力。另外，也能從每天只有讀書的環境下，獲得緩解。

▼考前三個月

我個人的計畫是先了解一下，接下來是不是有什麼考試可以參加練習？如果有，就要在考前三個月，開始集中做它們的考古題，不管你是不是已經打好基礎（但建議還是把基礎打好，比較好）。考完後，如果覺得基礎不夠，還是接著要把基礎打好，以應付下面的考試。

熟的活頁筆記本(一個星期復習一次)					
天數	準備內容				
1					
2					
3					
4					
5	第一天的10個英文單字				
6	第一天的10個英文單字	複習第2天的10個單字			
7	第一天的10個英文單字	複習第2天的10個單字	複習第3天的10個單字		
8					
9					
10					

資料來源：作者提供

表 4-4 英文單字記憶進度紀錄

假設熟10個單字，需要5天，5天後就把它移到熟的那邊
熟的時間因人而異，5天只是舉例，你需要做的是了解自己需要花多少時間

不熟的活頁筆記本(每天都要背一次)					
天數	準備內容				
1	新的10個不會的單字				
2	複習第1天的10個單字	新的10個不會的單字			
3	複習第1天的10個單字	複習第2天的10個單字	新的10個不會的單字		
4	複習第1天的10個單字	複習第2天的10個單字	複習第3天的10個單字	新的10個不會的單字	
5	複習第1天的10個單字--> 移到熟的那本活頁筆記本	複習第2天的10個單字	複習第3天的10個單字	複習第4天的10個單字	新的10個不會的單字
6	複習第2天的10個單字--> 移到熟的那本活頁筆記本	複習第3天的10個單字	複習第4天的10個單字	複習第5天的10個單字	新的10個不會的單字
7	複習第3天的10個單字--> 移到熟的那本活頁筆記本	複習第4天的10個單字	複習第5天的10個單字	複習第6天的10個單字	新的10個不會的單字
8					
9					
10					

應考國家考試的過程中，你一定還會參加很多的考試，所以這考前三個月，只是一個概念，因為真的開始考，你會一直密集的考，例如：四月關務特考、五月中華電信、七月國家考試（高普考）、十一月初國營企業、十二月地方特考。當然你可以全考，不過就很累；所以在對自己實力還有懷疑的時候，先挑著考；等到實力達標，再一直考下去，然後，你就可以想考什麼，就通過什麼考試了。

▼考前一個月

要調整作息，因為考試要到了，希望自己可以身體健康、精神飽滿的參加考試。

另外，推薦一個做法，在接近考試的前一個月開始，建議養成每天回想過去你念的內容的準備，這個在考試的當下可以幫助你冷靜。其實，大家都準備得很好的情形下，你應該是可以輕易地背出每個科目的每一章的標題，還有每一章大概的內容是什麼？這樣做的好處是：

1. 幫助你回憶起你的內容：當你開始進行這件事的時候，一開始可以跟書一起對目錄，主要目的是在幫你了解是不是還有漏掉的東西，有什麼是你還沒準備到的？到接近考試的時候，你應該能把所有漏掉的部分補齊了。

2.穩定你的心情：你想想，如果你能確定你念的東西都沒漏掉，那你是不是就已經準備好了考試的所有東西，那你上場之前心情穩定，就不會怕考試有特別的狀況導致你無法發揮了。

▼考前一個星期

小心身體及飲食，避免在考試的時候因為身體不舒服，無法發揮實力。而且要開始**準備「考試小物」**，有一些人到考試的時候，會突然發現缺這個、缺那個，心理素質強的，馬上就能想辦法找到這些東西；心理素質低的，馬上就因為這些東西沒有準備好，心情大受影響，導致實力受損。所以**有關考試的任何事情**，對考試都有很的大關係，**都要認真面對**。

舉例來說，還記得前面提到的，第一年我自己以為會高普雙榜的事嗎？的確是運氣不好，因為我的程式語言只有十九分，不是因為我書沒念熟（因為第二年同一科，我考八十五分，而且後面幾次考試都是八十分起跳），分析原因是因為我準備的「考試小物」出了問題。

我在考試之前，在圖書館抄書的時候，使用的是某種原子筆＋某種修正帶，考前我有想到怕考試的時候筆出問題這件事，所以我去買了新的筆（跟在圖書館用的筆不同）跟新的修正帶。然後，我沒想到，修正帶跟筆的組合會有問題，就是沒試過修正帶跟筆的組合會不會出問題。一直到考試的時候，才發現新的筆劃過修正帶後，會把修正帶的材質吃到它的鋼珠裡，導致筆被塞住了，筆的水就出不來，也就寫不出來了。所以，正在考試中的我發現當下，一是心裡很急；二是希望剩下的筆可以讓我撐到寫完；三因為筆要能寫得出來，我才能繼續答題，所以決定不用修正帶了，直接用原子筆塗，搞得考卷東一塊西一塊的，結果就是分數這麼低。

後來考完那科當下，我馬上到最近的便利商店買了中性筆，後面的科目才沒有被影響到。有時候為了考試，還是要多想一點。所以，大家認不認為有關考試的每個環節都不能馬虎。而且說來好玩，後面我在不斷參加就業考試的過程中，我每次都準備兩份「考試小物」，因為我不確定會不會出事，所以我買了兩個筆袋，各放了一份考試用具，考試的時候就是兩份都帶。

另外，任何可以幫助自己穩定心情的人事物，我建議可以斟酌一下，例如：傳統上會去文昌廟拜拜，如果你發現你去了文昌廟，真的可以幫助自己把心情調適好，那就去拜拜囉！

考前一天，判斷需不需要到考場去了解一下位置，尤其是如果你沒去過考場的話，至少也要上網查一下 google map，了解隔天怎麼到考場。另外，思考一下，需不需要準備水、食物之類的其他物品。

考試當天

不知道大家覺得考試當天應該要注意些什麼？我認真思考過後，我覺得有兩個重點：一是**身體安全**；二是**心理穩定**。其他參考下列各點：

▼小心交通，儘量行車安全，一定要確保自己沒有意外的參加考試

思考一下，準備了一年，你卻在考試當天無法到場考試，結果就是獲得明年參賽的資格。除非你決心不考了，那你就從考試解脫了，不然今年確定了明年還要再考一次，心情會如何？所以，一定要想辦法讓自己去考試。

其次，如果可以身體無恙是最好，儘量變數愈少愈好。如果有狀況，也要撐一下。我曾聽過幾個案例，也是強者我朋友的例子：兩位都是太拚了，考試當天都有感冒的症狀，一位是發高燒到三十八度（甲），一位是鼻子不舒服＋頭暈（乙）。兩位遇到考試的狀況不同，乙是一早去考試時就跟我說他身體不舒服，然後他就說他決定每節考試都休息，然後，他就真的拿到考卷就趴著睡了。甲呢，身體雖然不舒服，他還是很認命的拿到考卷就認真作答，雖然他不知道結果如何，但還是認真的寫考卷。結果最後乙一定是沒通過考試，但甲真的通過了。其實說這兩個人的故事，只是還是要強調，儘量要確保自己考試當天沒有意外，還有如果真的有意外，要怎麼做而已。

▼考試難免會緊張，一定要確保自己心情穩定，發揮實力

所有的準備都做了，上場考試沒有人不會緊張的，因為當你決定將考試設定為你人生的目標時，在還沒通過考試之前，它就是你的全部了。因為你花了很多時間，所以你會覺得考試這件事對你很重要，因為它影響了你接下來的人生。通過考試你就解脫了，沒通過，你就要再花一年的時間來準備下一年的考試，所以，我相信考生在考試時，大部分都會緊張才對。

所以，考試當天對自己能不能發揮實力至為重要，又要套一句高手我同學說的，你準備了一年，不能讓自己有任何藉口說為什麼今年沒考上。所以，無論如何，一定要確保考試當天不會發生什麼事，精神、體力滿滿，不緊張，發揮最大實力。所以，要想盡辦法讓自己心情穩定。

如何讓自己心情穩定的方法，因人而異，大家要去思考一下。在緊張的時候，你做什麼事才能冷靜下來？舉例來說，過去在學校，大家會聽到老師說的深呼吸、吐氣；又或是醫學報導說的，吃甜食可以穩定心情，讓

心情變好。但這只是提供參考而已，穩定心情的方法因人而異，所以，要找出立即且有效的方式，幫助自己在考試當天心情穩定，發揮實力。前面把「考試小物」準備好，就去除了一個影響心情的因素了。

我自己會在考試的當天買一個巧克力，每科考前吃一片。至於是不是真的有效，我也不確定，但至少每年考都還能上榜，應該是有它的效用吧。

▼拿到考卷該怎麼做？

我覺得有四個重點：

1. 先把題目看過一次，會寫的先寫，確保分數入袋

其實大家應該都有聽過，考卷發下來不要急著做，先把考卷所有的東西看一次，這個說法吧？但不一定會有人依照這個方法進行吧？那我們就來討論一下這件事吧。

考上的重點是什麼？分數要夠，所以重點是怎麼拿分數。其實，先把考卷看過一次的缺點，雖然會浪費一點點時間，但可以得到較大的好處。

你認為發下來，就從頭開始，最後分數會比較高嗎？還是先看過之後，把你認為沒問題，可以把分數拿好拿滿的題目先寫完分數會比較高？

無庸置疑的，應該是先把拿得到分數的都先寫上去，以確保你能拿到那些分數；至於那些真的不確定的、不知道該怎麼寫的，需要傷腦筋的就等這些寫完再去補。因為如果你先寫這些題目，就卡住你大部分的時間了，等你寫完，後面那些真的能得分的，反而因為時間少的關係，一直就出槌，造成失分，真的是得不償失。

簡單的說，你可以評估一下，會做的先做，了解自己大概會有多少分，再來才做那些還不太清楚的。若是選擇題，是劃答案卡，就先跳過不答，等會的都答完了，再來處理不清楚的。申論題也一樣，先把空間保留下來，先把會做的做完，之後再回來做不會的。

若科目是選擇題及申論題都有的，也是先把握選擇題，再做申論題。以共同科目的國文來說，我建議的寫法是先寫選擇題，再來寫公文，最後才寫作文。

2. 把題目的每個字都看過

先把題目看過一遍再寫的另外一個好處是，因為短暫的不動手寫，可以讓你的腦袋做點整理，就如前面所提到的，下課如何預習，碰到一時之間腦袋覺得麻煩的題目，或是不熟的題型，我的做法是看清楚題目是該科哪個章節的東西，然後，腦袋就想起那個章節的東西（大家在休息的時間，不要亂槍打鳥，直接回想下一個考科的書的目錄及相關內容，考試一時之間不知道怎麼回答，也要用這招），答案就會慢慢浮現，也會比較知道要寫什麼。

3. 儘量不要犯錯

因為通過考試要分數，要得到上榜的分數，就要小心答案，考試的過程就是不要犯錯。考試的過程，要「**小心仔細**」讀過每個題目，注意有一些**題目**是**有陷井**的，只要上過補習班都會知道，老師解題的時候都會強調，有時候題目會出現「下面哪個『不』是」（『』是我特別標出來提醒的，正式的考題出題的人員才不會這麼好心）；另外一個例子是在法學緒論的考題中，都會特別說「應」、「得」的題型，這些考題千萬要看清楚，總之，考試的過程中，儘量不要「犯錯」。大家應該都有看太快，所以漏看了「不」、「得」、「應」的經驗吧。

另外，再舉兩個有陷井的題目為例來說明。

【舉例一】經濟部所屬事業機構二〇一一年資訊處理職系的甄試題目有一題：

「路由器中的一個介面IP位址是192.168.192.10/28，請問連接到此介面的區域網路中最多有幾個IP位址可以讓網路中的電腦使用。」

先簡單說明一些資訊處理的常識，以免此段內容又成為非資訊處理職系朋友的天書。資訊處理的工作很廣，除了系統之外，設定網路也是我們其中的一項工作。在企業、組織中工作，電腦要能連接上網路，就要設定IP。但IP的設定可不是亂設定的，要能順利讓電腦連線網路，甚至互通，要經過計算的。先簡單解釋到這邊就好，寫太多，應該會讓非資訊處理職系的朋友看不下去。直接解釋這題的陷井好了，我在第一次算的時候，也是算錯，一直不知道錯在哪裡，後來遇到我心目中的好老師解題，才了解問題在哪。簡單的說，這題的「192.168.192.10/28」告訴大家：

(1)網路切了一個小區域網路有十六個IP。

(2)依網路概念，區域網路的第一個IP位址是代表整個網段的；最後一個位址是用來廣播的，這兩個位址需要保留。所以，實際上剩下可以使用的IP是十四個可以分給電腦使用。所以，我也是算十四個。

然而這題的**陷井**在哪裡呢？在「**路由器中的一個介面IP位址是192.168.192.10/28**」。（陷井的部分我特地加深標示出來）因為網路要互連，小區域網路要連接另外一個小區域網路的話，也是需要透過IP，所以路由器對外連接（另外一個小區域網路）也需要一個IP，也就是題目給的「192.168.192.10」（注意這邊沒有「/28」，這不是筆誤。意思是：這個IP在題目給出來的時候，就已經用掉了），所以原本扣掉第一個跟最後一個IP，剩下十四個IP可以給電腦使用的部分，就要再扣掉用掉的「192.168.192.10」，所以答案是十三個。

註：此題的陷井是「實境」問題，在概念之後多加了一個實境的條件，所以容易產生誤會，造成答案錯誤。

【舉例二】二○一二年地方特考三等考試的「資料結構」考題：

有個二元搜尋樹（binary search tree），若用後序瀏覽（post order traversal），每個點得到的順序為：{20, 25, 15, 45, 36, 65, 75, 95, 90, 100, 86, 55}。

(1) 請畫出這個二元搜尋樹。

(2) 請寫出用前序瀏覽（pre-order traversal），每個點所產生的順序。

(3) 用你建立的二元搜尋樹來搜尋75，需要做幾次的比較（comparison），並寫出過程。

一開始還是先說明一下狀況，因為資訊處理有一個工作會跟程式的設計有關（真的寫程式之前，或是正在寫程式的時候的額外工作，設計不代表「寫」程式），這個工作是為了讓設計的程式有效率一點的執行。所以，同樣的功能用不同的方法設計，設計得好不好，結果就看在執行程式的時候效能好不好。所以歸納來說，資料結構這個科目就是討論程式應該如何設計。

再來，解釋一下這個題目的概念。基本上，對於我們這科的考生，這一章節的題目有關瀏覽方式有三種：前序、中序、後序。而且在我們練習的過程中，一定要有中序＋另外一種順序，我們才能解出題目。

所以，我們來看這題，一開始，它只給了一個後序瀏覽，其他的都沒有提供，因此一開始我也不懂問題點在哪，經過好老師的提醒，才會知道自己又漏掉的陷井。

陷井在哪呢？在「有個二元搜尋樹（binary search tree）」，考題老師故意不給中序，但利用這句話告訴你中序的順序。變相的考考生，「二元搜尋樹（binary search tree）」的定義：

(1) 二元搜尋樹是一棵「二元樹」（二元樹有很多種，二元搜尋樹只是其中一種）。

(2) 每個節點都有資料。

(3)每個節點的左邊子節點，一定小於中間節點。

(4)每個節點的右邊子節點，一定大於中間節點。

(5)這棵樹的子樹，也符合上面的規則。（子樹，指將大樹拆解成某部分，也是一棵樹。）

所以，題目的「有個二元搜尋樹（binary search tree）」已經告訴考生，它的中序排序是{15, 20, 25, 36, 45, 55, 65, 75, 86, 90, 95, 100}（從小排到大），如果考生能理解這句「有個二元搜尋樹（binary search tree）」，就能解出這題。

註：這題陷井是在定義上，因為大家在準備考試的過程中，都是大量練習相關題型（題目會直接給中序＋另一種順序），所以很容易在看到題目的時候，忘記關鍵字的定義。

其實準備考試的過程中，我也不是第一次考試馬上就上榜，我也是短暫有考過幾次考試沒通過（指的是二〇一三年七月普考之前的四月關務特考，以及五月的中華電信考試），只是我考完試都會檢討自己的得分狀況，有時候就會發現原來題目問的是A，但自己答B，所以就學會了「把題目看清楚」（就是前一點）跟「儘量不犯錯」。其實大家都知道，但能不能對自己要求，又是另外一回事了。只有**知道了**這兩件事，**又能要求自己**，才有機會。如果只知道，但不要求自己，變數就大了。就是不要事後再來說，原來是自己沒看清楚，所以差一點上榜。差一點，就是沒上榜。你要做的是上榜。

4. 無論什麼狀況，都堅持到底

「堅持」到考試結束，其實考試一定會有人出錯，所以自己不小心出錯，也是有可能的，但不要因此就覺得沒希望了，因為你會出錯，別人也會出錯，在考試還沒考完之前，一定要堅持下去，反正，就是比看看誰出槌比較少。另外一個狀況是，在個人考試的經驗之中，也不乏題目不難，但要寫很多的狀況，這個狀況雖然很討厭，但換過方向思考，這也是出題老師要你通過考試的一種考驗。

很多人都想輕鬆準備考試、輕鬆通過考試，但輕鬆本來就不可能。再者，考試也只是當公務員之前的一個考驗而已，等真的進入公職服務後，考驗才多。

▼每節下課如何複習

考試最怕的就是突然之間腦袋空空，不知道該怎麼寫，所以要得分，當然就跟要回答的內容有關，但在考試發下來之前，我們永遠不會知道題目是哪些？而且翻書、翻筆記，在那個當下，其實已經是亂槍打鳥，純粹是看運氣了。因此我的思考方式是，要怎麼確保自己有應付接下來那張考卷的實力呢？

我自己的做法，反而是**把書蓋上，背目錄**，因為你準備了這麼久，夠熟的話，書裡面的東西，其實都會在你腦袋中，所以，我的建議是在心中先默背目錄，以及**回想**各章節有什麼**重要**的**內容**，所有東西都還記得，答案庫就都有了，心情就能先穩定下來，再來就是要確定考卷發下來後，看過考題問題，決定答案要怎麼寫了。

萬一真的沒有辦法背出目錄，就打開書的目錄，讓自己默背一次，同樣的，回想裡面有什麼重要的東西。因為時間來不及，再亂翻真的沒意義。所以，若真的考試當天要帶筆記的話，我認為各科的目錄已經足夠了（最多再加各章裡的重要名詞就夠了）。

▼遇到無法一下子就看懂的題目，或是不好寫的題目怎麼辦？

這個部分我先簡單分為「概念性的題目」及「需要舉例或假設性的題目」。

1. 概念性的題目

還是一句話，先冷靜下來，然後，像前面提到的，先跳過這些題目，把會寫的寫一寫，但記得一定要留時間來寫這題。真的還是沒辦法冷靜下來，那就回到我上面提到的「每節下課複習的方式」，把目錄背出來，看看哪個內容的資料你可以湊出來寫。

之前考試的時候，我也遇到這類的情形，題目給分很高三十五分，但不好寫，後來我也是用上面這招拿了二十九分。

2. 需要舉例或假設性的題目

另外一種不好寫的題目，是需要舉例或是假設性的題目，這個不如「概念性的題目」難寫，但也算是第二難寫的，因為通常需要先假設一個狀況，才能寫得下去。而且另外一個問題是，我們也不知道怎麼假設比較好。

所以這類型的題目，我的建議是先寫它的概念，當然是簡短寫就好，讓考官知道你懂；然後，接下來假設時間不夠，可能寫一個最常見的假設，然後，依那個假設把後面的答案寫完；如果時間夠，就假設兩三種狀況，但也是簡短寫就好。考試的過程中，沒有很多時間讓你寫太多，記得要善用考試時間。

不過，還是要記得，這類的題目留在最後寫，因為比較麻煩，**先寫比較簡單可以拿到分數的題目。**

▼考試期間，不要看補習班答案，不要與人討論答案

這個部分，個人有很深的體會，也是經驗！我參加考試的第一年，連續考了普考、高考，連續寫了五天的考卷，每節下課我都有收到補習班的答案。當年，我覺得考試比較重要，而且每節下課我也要安排下一節考試的東西，所以才沒時間看補習班給的答案。

也還好當時自己沒有笨笨的去看補習班的答案，因為高普考的五天都考完之後，我回去看補習班給的答案，發現補習班給的答案錯的比我自己的答案還多錯了七題以上，我才錯了五題，他錯了十二題。為什麼說考試期間不要看補習班的答案呢？我問一個問題，你如果準備很久了，你真的對自己很有信心，但在考試期間你看了補習班的答案後，在考試期間你會相信你自己？還是相信補習班？你的心情會不會被影響？考試期間需要高度的精神力，不要無謂的影響自己。

注意這邊說的是考試期間，指的是整段考試的時間，大家可以思考一

下，在**整個考試結束後才看補習班發的答案跟考完一天就看當天補習班發的答案**的狀況。考完馬上看，如果你覺得補習班的答案比較正確，下一節考試你的心情會如何？會不會馬上就覺得自己好像錯很多，然後，接下來每節都無法正常發揮實力？考完一天再看那天的答案，也是跟馬上看差不多，會影響到隔天的考試。所以建議整個考完才看補習班的答案。

至於不要與人討論答案的用意，跟不要看補習班的答案一樣，除非你非常的確定你的答案是對的，聽到別人跟你答案不同的時候，心情不會受到影響，不然建議你不要跟別人討論答案，或是別人在討論的時候，不小心聽到他們討論的內容。會提到這點還有另外一個原因，因為你可能不是自己在家練功的考生，上了補習班，多少會認識同學，下課時、中午吃飯時難免會聊天，所以聊天可以，但不要討論答案。別人在談的時候，也不要聽。

考試後

除非你不想再準備穩定工作的考試了，不然，不管你是全職考生，還是兼職考生，因為未來還不確定，所以考完還是要繼續準備。考試就是這個樣子，只要還要考，就無法避免。但考完後的一個星期內，還是可以放鬆啦！但也建議，趁這個當下，反省一下，這次考試出了什麼問題？還有了解下一個考試的重點是什麼？調整念書的內容及方向。

總之，還沒考上，成績還沒出來，也可以放鬆一下，看看補習班給的擬答。有時候你也可以笑笑補習班的答案，就像前面說的，考到最後你是專家，答案對不對，你會比補習班還接近對的答案。不過，順便順著補習班擬答的思考邏輯，來看看自己的狀況。

舉例來說，高普考七月考，考完後，先休息一下，但要思考這次的經驗，告訴自己哪邊可以調整；再者，因為通常考生不會把雞蛋放在同一個籃子裡，還沒確定通過考試之前，會接著下一個考試，十一月初的國營考試，所以，要調整一下準備的方向，尋找國營考試的考古題，自己測驗一下，了解一下自己的實力及上榜機會。

面試

有一些考試，不是只有筆試，在通過筆試後，它們還會有面試。所以這部分，如果你有遇到的時候，再來了解這個部分。

除非，你筆試只是為了練功，或是對你通過筆試的工作沒什麼興趣，那你可以不認真面對。事關能不能取得工作，如果真的想求有再求好的話，就要認真準備，以免發生「早知道」當初就先進什麼工作就好的悲劇。面試成績也是分數，能多得一分，上榜的機會也多一分。

不過，有時候面試也要看它佔總分的比例，如果考試的面試佔了很大的比例，那你更要用心準備。也有一些考試（經濟部國營企業招考）面試總分只佔總分的二〇％，筆試成績佔八〇％，那其實影響就不大，只要你筆試成績是前段班，正常來說有去面試，應該都一定會錄取。當然錄取單位一定會設定面試條件：1.沒參加面試的不錄取；2.面試成績未達某個標準不錄取；…等狀況。但如果你的筆試成績不是前段班，又想有工作機會，那就要用心準備面試了。

▼筆試放榜到面試的日子

通常在通過筆試到面試當天之前的一段時間，大考中心通常會要你填一大堆的資料以及要做的事（例如體檢），記得不要漏掉，這是首要的。

再來提醒一下，本書提到的東西可能無法面面俱到，但如果你真的通過筆試，要進行面試的時候，請記得在填寫面試所需要的一大堆資料時，也上網蒐尋一下大家面試的心情（通常前一年的前輩會分享），所以，第一個步驟應該還是收集資訊。

面試這件事，也是一件重要的事，面試裡面最重要的部分應該脫離不了：自我介紹、自傳，以及沙盤推演面試官的問題和自己的答案。所以，當你通過筆試，要進行面試之前，應好好的準備這三個部分。

1. 自傳

三個部分我都覺得很重要，但其實這三個部分，都**跟你的自傳有關**，因為你開始面試的開頭，面試官會請你自我介紹，自我介紹的內容自然要跟自傳有關；再者，面試官也會從你的自傳中得到一些資訊，訂定面試的口試題目，所以我們先講一下自傳的部分。

自傳的內容，個人建議先自己寫出一個版本來，自己看一下，然後，再調整。思考的方式是，如果你是面試官，你覺得怎樣的自傳會讓你一目了然。簡單的說，內容大概要有：

第一段：

你是誰？你是哪裡人？你念什麼學校，什麼科系畢業？目前在哪裡服務或是剛畢業？簡短就好，面試官不會在意你家裡有什麼人，除非你家裡真的有名人，不然真的帶過就好。

第二段：分三種

如果在職中：內容大概要提到你在公司是什麼角色？主要工作是負責什麼？用到什麼技能在處理這些事？有什麼優良事蹟？

如果工作過，但目前沒工作：內容類似在職中，唯一不同就是「前公司」。

如果是新鮮人，還沒工作過：內容的部分，則應該寫你在學校有沒有進行什麼專案，做了什麼？用什麼能力處理？有什麼事蹟？甚至可以提一些社團內你負責的事，但思考方向儘量要扯到工作。

第三段：一樣分三種

在職中，說明為什麼想換工作。

無職，說明為什麼想進國營企業工作。

新鮮人，說明為什麼想進國營企業工作。

第四段：

大概就是一些很高興參加面試之類的話。

以下範例僅為舉例供參，各位可依上面的規劃寫自己的，不要抄以下的格式，而且不同職系應該寫法不同才是。

【自傳範例1】：已出社會人士

您好，我是×××，家住×××，是標準的南部小孩。××大×××系所畢業，家庭狀況小康，成員包含奶奶、父母、我及弟弟。目前為×××的員工，主要工作是**系統開發設計及程式撰寫**。

大學專題是：×××系統，是一套×××輔助的系統，主要功能是：1.×××；2.×××；3.……。系統在開發過程，也與×××公司產學合作，進行實際的分析、改善及推行應用。這個專題也參加×××年第××屆全國大專院校資訊專題服務競賽，並得到××組第×名、資訊應用組佳作，以及校內專題比賽榮獲第一名等獎項。

研究所的論文為×××，利用×××演算法進行改良以及創新，應用於大型資料庫進行快速分群。當時的指導教授並建議提出專利申請（有×個專利）、本論文也參加波蘭×××國際發明展獲取特優金牌，與在本校舉辦大專院校之技術研討會中獲得最佳論文獎。

退伍後，加入了×××公司服務，擔任工程師一職，並隨著工作經驗的積累升任資深工程師、主任工程師、主任工程師二級兼JM。工作範圍也從單純的系統訪談、系統分析、規劃、建置直到寫程式、資料庫處理、系統推行使用及後續維護等技術性工作，擴展到自己部門新人的教育訓練、部門發展的規劃執行，以及跨部門專案的規劃、管理、調整；公司內部部門間的溝通協調；公司外部與客戶的溝通協調；…等。第二個工作是在×××公司擔任×××一職，工作內容涵括×××。

不知道在哪裡看到的理論：一個人的外面表現通常跟他的個性有關。出社會工作久了，回想過去，自己能在這段時間從工程師一直升任到主任工程師，應該是跟自己一絲不苟、實事求是、要求盡善盡美的個性有關。另外，溝通協調的工作難免會有衝突，個人也會儘量不帶私心的表達個人的思考模式，供大家參考，進行討論，取得共識，和協的完成團體任務。畢竟人才是完成任務的最大關鍵，讓同事可以快樂且自動自發的完成任務，是一種良性的循環。

因為大環境的改變，造成自己目前服務的產業漸漸式微，自己也在工作的過程中，慢慢的感受到這種不安全感，居安思危，所以決定找尋更穩定的環境，讓自己安心，因此報名了參加國營企業的就業考試。希望個人過去的經驗、技能符合公司需求，並有機會進入公司內學習、服務、發揮及應用。

【自傳範例2】：應屆考上之新鮮人

我是×××，××人，畢業於××大學××所。今年××歲，是應屆通過筆試的考生。

或許是因為個人原生家庭教育的緣故，養成個人思想相較於同年紀的同儕成熟，所以在大二時，就擔心自己未來競爭能力不足，努力學習各項必修課程培養基礎，也利用課餘時間研究 Java 考取證照，當時也透過 Java 的GUI工具包 **Swing** 實作出具有新增、刪除、修改、查詢功能的薪資系統，累積程式設計的經驗。

在進入××大學××所後，因為大環境開始流行大數據及機器學習等新興領域，選擇了修習「巨量資料分析導論」，進而在 **Hadoop** 平台上實作 **MapReduce**，並以R語言合併多張資料表並利用配適迴歸模型，繪製直方圖、散佈圖……等。

攻讀研究所期間也曾參與×××產學合作案，目標為利用文字探勘技術找出具有潛力的×××產業供應鏈公司。在這個合作案中，個人利用 **python** 撰寫網路爬蟲程式，自動化抓取幾萬篇的新聞文字資料，並研讀有關文字探勘的技術文獻，最後研究如何結合企業績效目標進行實作，得到許多的經驗。

因為家中長輩教育我們，遇到事情的時候，要先自己試著解決，儘量不要造成他人的麻煩。所以在學時遇到困難，我會先利用線上免費課程或是參考開發者社群網站，找到答案及實作，最後若問題真的無法解決，才向外求助。因此在參與金屬中心產學合作案時，就常常向團隊成員們虛心求教，但現在想想，該過程對我的影響不僅能學到新技術，還能讓自己體會到團隊成員交流溝通，以及團隊合作的重要性。

因為早在大學及研究所時，自己就一直思考未來，在深思熟慮後，希望自己出社會就能穩定成長，所以決定報考國營企業。雖然自己目前只是一個剛出社會沒有經驗的新鮮人，非常希望有機會能加入國營企業學習，也希望自己過去在校所學及產學合作時的經驗，能有機會應用到未來的工作上。謝謝。

2. 自我介紹

在面試時，自我介紹是非常重要的，內容主要根據你的自傳來濃縮，因為面試那幾天，面試官需要面試很多人，因此他們不可能花太多時間讓大家好好說。以過去自己參加國營企業面議的經驗來說，好像一場面試是二十分鐘的樣子（有點忘記了），這裡指的是你真的跟面試官面試的時間，所以，儘量思考有沒有辦法在自我介紹的時候，就能讓面試官留下深刻的印象。另外，面試當天還有一些事要做，不是只有面試而已。

記得當時面試是跟另外一位考生一起面試的（不知道面試流程有沒有修改），一開始他們會給大家幾分鐘自我介紹，好像是三分鐘，A先說完之後，換B說，然後，就開始以問答方式的面試了。所以如果能在自我介紹的三分鐘裡好好的介紹自己，應該可以取得不錯的印象分數。因此，建議在考試前把自我介紹寫好，然後練習到熟，好在面試的過程中佔得先機。

其實，還是要看一下自我介紹的時間有多長，多準備幾種，然後，自己背一次。演練一下，大概會花幾分鐘，把這些時間都記下來，然後到時看他們給你幾分鐘，你再依分鐘數決定要講哪些。草稿的部分，你可以先把所有的東西擬好，然後依不同的狀況，刪除較不重要的不講，或是再濃縮。儘量在面試官給的時間內說完。

【自我介紹範例】：已出社會人士

三位面試官你們好，我是×××，台中人，畢業於××大學××系（所），目前在台北市的××公司擔任××部的資深工程師一職，工作內容主要是：安排工程師日常工作、公司系統問題處理、緊急問題協助、系統開發等。工程師工作安排的工作內容主要是公司的日常運作，會碰到許多軟硬體的相關問題申請協助，我會先了解需求，才安排工程師過去處理；系統問題處理的部分分為兩個部分，一是協助使用者處理系統上的錯誤問題，另一個部分則是若系統上真的有 bug，會回報給主管知道，讓主管安排修正事宜；在緊急問題協助的部分，有時會有一些臨時的需求，與日常作業沒關，但必需處理的情形；系統開發，則是前面提到若系統有 bug 的時候，主管會安排好，再決定給適合處理的人員。

但因為大環境走向改變，個人目前的產業前景似乎不是很好，因此個人才來報考國營企業，希望自己未來能穩定的工作。謝謝。

3. 面試題目沙盤推演

這部分也建議可以上網爬文，看一下有沒有人分享，以下則是舉例，不代表題目一定會出。

(1)與自己自傳內容有關的題目：

這點需要各位自行思考一下，你的自傳內容中，有哪些點是面試官可能會問的題目。如果你的自傳有寫到大學、研究所事蹟，也想一下面試官可能會問什麼問題。

(2)與你個性有關的題目：

這一類的題目可能不會直接問，主要想了解你的個性，個性跟工作時的氣氛有關。因為他們不一定要很強的，但一定要能團隊合作的人。

(3)與你處理事情的方法有關的題目：

實際上出一題，說某個專案有什麼狀況，你會怎麼處理？主要是看你的經驗。

(4)與進修有關的題目：

題型大概都會扯到，你有沒有進修計畫？（大問哉）更明確一點的，就會再問如果工作與進修有衝突時你會怎麼選擇？如果只問到有沒有進修計畫，建議儘可能的把「有衝突」時的答案一併回答。有時候題目的設計是固定停在那個點，是要看你規劃到哪個地步。

(5)與上司在做事方式上有異時，會如何處理。

(6)會不會繼續往上考？

▼面試當天資訊

1. 面試流程：

面試整個過程大致為：（以國營企業為例）

(1) 報到
(2) 繳交筆試放榜後的通知書，以及通知書內所需附上的文件資料
(3) 另外寫一篇作文，以及填志願、交志願
(4) 與面試官面試

面試時的重點，在前面一節都已經說明了，也就是說這些面試官可能會問的問題，你都要提前準備。然後，在現場依狀回答。

2. 服裝儀容：

這部分後來經過幾次面試的經驗是，不需要到穿西裝打領帶這麼誇張，襯衫西裝褲皮鞋就可以。但當天一定要整理一下儀容，至少讓自己乾乾淨淨。

歸納個人的三次面試經驗如下：

中華電信的面試：還記得當初是西裝、襯衫、西裝褲、皮鞋，雖然專業拿很高分，但面試沒準備，所以沒上。

中鋼的面試：襯衫、西裝褲，有準備面試，結果錄取。

國營企業的面試：襯衫、西裝褲，有準備面試，進入國營企業服務。

所以服裝方面乾淨就好，不一定要非常正式。

CHAPTER

05

不要以為筆試考完就沒事了！

加寫這篇的主要原因，是因為整個考試過程是一整個流程，考上後伴隨而來的就是選缺這個問題。而且實際上，真的有很多考上的朋友會有這種煩惱，尤其是第一次參加考試就通過的朋友。但像我一樣，一直跳來跳去的朋友，應該比較沒什麼這種煩惱，畢竟我們親身經歷了各種不同的工作，所以累積了一些體會。其實會在各種泛公職考試中，跳來跳去的主要原因，大概都是跟工作內容、環境不如自己所預期、主管管理方式不良有關，所以才會一直考試、一直跳。

因為累積了一些經驗可以分享，選工作（選擇去哪一個你考上的泛公職），我覺得也是蠻重要的，因為選得對，你就不用再繼續考了。認真來說，考試不是不用準備的，像我雖然第一年認真準備，就可以一直考，但後來的每一次換工作的考試快到的時候，因為要了解它們的考試內容是什麼，然後安排複習，所以每次的考試其實也是蠻累的。另外，就是跳來跳去，年資累積的問題，也是一大影響。

回到正題，泛公職的挑選工作，說簡單其實也不簡單，說難也不是很難，不過老實說，情形還真的是有點複雜。假設情況一，你已經是考上多種泛公職，那應該去哪裡比較好？假設情況二，你確定選了高普考職缺，那志願該怎麼填？現在就讓我們來討論一下吧！

職缺問題的真相

服務地點

泛公職考試除了工作穩定之外，最大的問題就是你最後**服務**的**地點**，**不一定會在自己家鄉**。除非你的分數很高，名次很前面，才有機會選到。

工作內容

有關工作內容的部分，其實說真的，**有機會**會**跟**你考的**職系沒有太多相關性**。

舉例來說（其實前面提過了），我是資訊處理職系的考生，我考上普考後，依志願分發單位的工作，有蠻大部分是用不到我的專業技能的，還記得我進單位後的第一個工作是找廠商到單位裡修理紗窗紗門，然後，後續也有下雨遮雨棚漏水，去買矽利康來補漏水孔的工作。而主要的工作是管理電腦裝置的進出、設備有狀況時找廠商來維修、管理多媒體室、辦理數位展覽、……之類的，主要都是管理的部分，專業的部分比較少用到。

目前高考的工作內容，有點像客服，就是有問題來電時，若是系統出問題，了解使用者所提的問題，可解決的就告訴對方如何操作；如果是操作錯誤，導致資料庫的資料錯誤，就協助處理；如果是系統出問題就回報。如果是硬體的問題，基本上都是安排人員到現場排除問題。總之，跟我想像中的專業差蠻多的。（基本上，我過去從事的工作都是跟軟體產品研發、系統建置、程式撰寫有關，自然會比較希望去處理那個部分，而不是做客服的工作。）

▼大部分工作都不是輕鬆的

其實會開缺，就是真的有必要性，所以，長官、前輩會有很多事交待給你，基本上，不要想太多。硬是要比，就是只比職缺之間「相較」之下的輕鬆。A機關的職缺比B機關輕鬆，但不代表A輕鬆，就是一種比慘的感覺。

薪水

在國營企業的部分，其實大家進去之後，同一間國營企業的薪水都一樣，唯一不同的就是不同的國營企業的起薪及初始職等會因為不同公司的制度有所不同。還是一句老話，時間會一直往前走，在本書裡提供的數據，有可能你到時候看到的時候，數據已經不準了，所以，如果你想知道目前各國營起薪之間的差異或是公職、國營之間的差異，請google，這邊就不多說明了。

在公職的部分，開的缺，因為職等不同，可能會造成薪水的不同，如果你真的在意薪水要多一些些的話，就要考量這個部分。舉例來說，公職的薪水會分本俸及專業加給，兩者加起來才是實際的月薪。本俸的部分，大家起薪都一樣，專業加給的部分，則是看佔的職缺，如果職缺是三～五，專業加給則以三開始給，職缺是四～五，專業加給就是從四開始給（實際上，兩者一個月大概差一千元）。

職缺（升等）

目前國營企業都是有一個初始職等，前五年不管整年考績狀況如何，年年升等。滿五年之後，改採公務人員考績升等方式升等（二甲或是一甲二乙，才有機會升等；有機會的意思是，有位置才會升，國營企業也是要有職缺的位置，在還沒有位置之前，還是可能有機會要等）。

公職的部分，就是全考二甲或一甲二乙，才會有機會升等。

（註：「整年考績」跟「全考」是同一個意思，是指要整年都要在公職中服務的考績；另外有一個名詞叫「另考」，指的就是中途才開始公職

服務，而且是滿六個月以上，未滿一年。服務不滿半年的就沒有考績。）

提到職缺升等的問題，主要是想討論未來性，當升到某一個職等之後，會有必須要等上面有缺才能補上的問題，所以想得夠遠的話，這個問題也是需要考慮的。

目前的狀況，公職的話，往中央機關去，國營企業往總部去，職缺的量及等才會比較多、比較高。

任職單位怎麼挑？怎麼選？

離家近先考量

以我們台灣人的習慣來說，家中長輩大部分都希望你在近一點的地方工作比較好，而且老實說，你自己也希望能離家愈近愈好，因為事實上，過年過節你還是會需要回到家裡，再加上從小到大自己已經習慣家裡的環境。

再則，離開家鄉最大的問題就是存錢的問題，因為離開家，就要考慮住的問題，這是一筆花費；而你不可能不吃，這也是一筆花費；社交活動更是一筆花費；然後回鄉探親⋯等，所以基本上，只要離開家，所有的生活大小事，就是會用到錢。

但是，除非你是前幾名，剛好有足夠量的家鄉缺，你才有機會留在家鄉工作。不然，大部分的職缺都不是在自己家鄉附近，而且都是要在外流浪了一陣子，才能申請調回家鄉。

因此，我個人認為如果可以的話，**離家近**，是最應該**先考量**的。注意，這邊是先考量，不是直接決定。

升職考量

高考的話，建議選中央機關，因為職缺量多、等高，只要待得夠久，一定有機會升職。

國營企業就是去總部，資源也是比較多，比較有發揮的機會。

如果您的家鄉剛好不在這些地方，就勢必要離鄉背景了。

工作輕鬆考量

若是這個考量的話，前置作業會需要花比較多的時間，因為要打聽消息。而且最難的是，消息真真假假，在你到職之前，你永遠不會知道消息是不是對的。不過，這點我覺得是有，但很看「人品」（網路用語），簡單來說就是運氣。

薪水考量

薪水的部分，近幾年的社會趨勢，大概就是因為年改造成的，很多人覺得高普考有退休金的優勢不在了。所以，有很多的論壇都說，若是從薪水的部分來看，國營企業似乎比高考好。這點在這個當下，我可能會認同，不過也是因為我出社會一段時間之後，知道「變」才是人生不變的道理，才開始考國家考試，進入泛公職服務。所以我的想法是，人生都還沒走完，你怎麼知道過幾年不會又有變化？然後到那時，高考又比較好的時候，難道又要跳高考嗎？人生最重要的是要「知足」，為了求那一點點，可能又會改變你的人生一些事。

不過，這也是有關個人想法啦！每個人的想法不同，但重點是你自己怎麼想。

而且如果是薪水考量的話，那其實在一開始的時候，就要把所有的工作都考量進去，然後盡力準備那個考試就好。但事實上是大家決定考試的時候，都不知道自己能不能考上，所以會每個考試都去考看看。考上了再來決定去哪裡，這才符合人性。

另外，我也聽說過另外一派說法，就是高考、國營、民營化的國營企業，拉長以一生來看，其實領的薪水是差不多的。只是退休金領得早、領得晚而已。而且不同時間，可能狀況都不同，所以誰比較好，相關資訊建議google一下，但請記得，這也是參考一下而已，最後選擇在自己。而且畢竟選工作的條件，也不是只有看薪水而已。

上網爬文參考

絕大部分的人在選工作的時候，都會希望自己能挑到自己覺得比較好的工作，也因為希望能挑到比較好的工作，所以，一定會做挑工作的前置作業，例如：上網爬文。不過老實說，上網爬文的時候一定要冷靜，因為很多人看到別人提供的意見是好的，就會把那個情境套用到自己身上，但事實上，別人是別人，你是你，而且人家搞不好跟你職系不同，只能說魔鬼出在細節中，搜集完資訊後要判斷，還是要現實一點。

其實，我們要再來反向分析，假設我們最後要挑到好的工作，那就要有好的分析；要有好的分析，就要有好的資料；要有好的資料，就是一開始人家提供的資料是好的。不過人生嘛，這種事真的是不太可能會發生。

大家都聽過蝴蝶效應吧?!一個動態系統中，初始條件的微小變化，將能帶動整個系統長期且巨大的連鎖反應，是一種混沌的現象。再講得白話一點，一開頭沒有提供正確的資料，便會影響到你選工作的決定，所以這真的是很重要。

其實說了這麼多，是要告訴你上網爬文也是有陷井的，請大家務必要注意。網路上提供的任何消息，都是供你參考，還是要**了解自己**，再**依自己的個性喜好**去挑工作。

▼上網爬文有陷阱，不可盡信

會說有陷井，是自己過去的經驗。之前，在自己煩惱要挑哪個工作的時候，也是上網爬文過，但我相信發文的人沒有惡意，只是畢竟他們不知道你的背景，不能確定那個工作是不是對你真的好，而且他們是以自身的經驗，他們覺得很好。只是別人覺得好，並不代表對你好。有一種好，叫做你自己覺得好，才是真的好。總之，在各種巧合及陰錯陽差之後，大部分的人都是挑到跟自己想像差很多的工作。所以提出這個，只是希望大家不要被「氣氛」影響了判斷。

先講個故事，在過去某一個階段，我個人在決定要選哪個工作的時候，會針對幾個工作上網爬文。說到PTT應該沒有人不知道吧?!當初在選工作的時候，個人也是在這邊發問過，還記得當時的回覆，一群人回覆說，秒選×××，什麼理由都沒說，我相信他們是覺得好，所以不多說廢話，但對於還在選擇的自己反而不一定是一個好的選項；其中當然也有一些人比較理性，他們會回覆工作是心態問題，進得去也要待得住才行，不然選了之後，還是要離開，然後，再花時間重考一次。不過，看到一堆秒選，當時自己的腦波比較弱一點，就被影響了，選了秒選的工作，進去之後才發現，雖然工作內容不難，但不是自己喜歡的，所以經過這次之後，自己就更理性看待選工作這件事了。這就是所謂的「不經一事，不長一智」的道理啊！

另外，不知道大家熟不熟企業管理這東西，不管在哪裡工作，一定有績效的問題，所以，招生機關的人事單位，他們的績效就是新人的報到率，這個就是他們的工作績效指標，只要招滿到一定的員額，他們在數字上就能達成他們在公司的目標。為什麼突然要講這件事呢？請大家結合上一段提到的內容，為什麼秒選會一堆，除了真的想要大家一起進去努力的同仁之外，還有一些機關的人資，為了他們的績效，所以要上PTT（或其他論壇）做一些手段宣傳。因此，大家看到秒選，千萬要**冷靜**，先**了解**

自己的個性適不適合，千萬不要腦波弱。此外，人事單位也只管人進來，所以他們的績效到這邊，至於人留不留得住，就看分發的業務單位，留人的事是業務單位的事了。所以人走了，不關我人事單位的事。

因此，上面說的這個狀況，也是一種造成你選了之後後悔的狀況。招募的永遠是人事單位，把人招進來之後，用人的單位並不會跟你客氣，因為之後你跟他們工作，他們就會要你把他們交待的工作做好，他們才會輕鬆。所以千萬要記得，要先以你自己喜歡的為最高挑選標準，再來挑你的選擇。

經驗分享

最終怎麼選擇，我想還是要回到心理學，動機影響行為，所以我認為，你要先了解的是，你在意的工作的問題有哪些？然後，天底下沒有十全十美的，因此有一好沒兩好，那要怎麼選擇比較好？經過多年跳來跳去的經驗，我的結論是，問你自己你的個性喜歡什麼？這點是最重要的。簡單的說，不同人不同選擇，沒有絕對好的答案。不過我的建議是，先了解自己，再來挑。

如果你沒有想升官發財，最在意的點是能不能留在家鄉，那就打聽一下家鄉附近的工作的狀況；如果能接受，儘量選留在家鄉就好。但如果家鄉的工作的消息有點黑暗的話，就可以思考一下距離遠一點點而已，工作內容還不錯的職缺。其實這樣說，好像還是不是很有感覺，那舉例來說好了。

例1

・背景：

一個在家鄉的朋友考上了高考，但他跟我是同職系的，我們這個職系大部分的開缺都是中北部居多，所以，基本上沒有筆試前幾名，應該是填不到家鄉的缺。但缺還是要填，該怎麼填呢？

・討論：

其實他自己都很了解自己應該不太可能在家鄉了，所以就不知道該怎麼填比較好，尤其各職缺裡還有一些網路上所提出的雷缺。

所以，我們的討論及分析是：

1. 先把網路上提到的那些不好的排除，留下能填的。
2. 在跟他討論完離家距離的話題之後，他決定先以這個為第一優先條件。

3. 再來，我也分享了跳過這麼多工作的經驗，他也明白，輕鬆的工作有，但會不會輪到他，只有老天爺知道，所以他決定先選擇薪水，也就是職等比較高的。

4. 接下來才是決定工作內容。

5. 因為是填缺，如果填不夠，就會被自動分配，所以再從當初排除的之中，挑最好的繼續排下去，一直到最不好的。

所以，整個挑法很明顯了，先了解挑選過的職缺離家遠近，再來選擇職缺的薪水，最後選擇工作內容。還記得當時的職缺是這樣，他最想去的是家鄉的工作，第二近的是中部，第三近的已經在新北了，第四就是台北。其實這個朋友是第三名，老實說他只要填三個缺就行（上一段的第5點是跟其他朋友說，一定要填到你的名次的數量才行）。

結果狀況是，他真的是去他的第三志願，第一志願及第二志願就是第一及第二名選走了。不過，其實他的第三跟第四當時也是難選，第三是真的薪水比較高，第四則是發揮的空間比較大，工作也比較有趣，所以當初也是建議他要想清楚。後來他還是選了新北的工作。

後話，坦白說，選完了，也在那個地方工作了兩年，他還是覺得有遺憾，時不時的跟我說，或許第四那個工作他比較有機會發揮，以及工作得比較快樂。不過人生就是這樣，選了就選了，既來之，則安之。幸好，他也知道，選擇是他自己最後的決定；不是我的一句話影響到他。人生就是這樣，有時候會莫名掃到颱風尾，當事情不如己意的時候，總是會容易自己找理由，然後，把現在自己的為難怪到別人身上。

例 2

• **背景：**

我的一個網友通過了考試，分發到家鄉的市政府的資訊單位工作，但在政府一直省錢的狀態下，其實那邊的資訊單位不是很好做，也有很多看來不是很適宜的事發生。不過，一切還是在合法的範圍下進行，只是做事真的很難做，所以他想重考，逃離家鄉的市政府資訊單位（聽他說，他的單位真的沒有什麼預算可以花，用來改善資訊環境；而沒有預算，就只能靠「人」解決問題了）。幸好，同一年他也通過了高考二級的考試，填志願結果分發到遠離家鄉的另一個市政府的資訊中心，只是此機關的資訊中心在網路上有很多不好的事蹟，但因為高考二級起薪跟初始職等比起來當然較高，於是家中長輩勸他考慮，後來，就有機會討論一下了。

• **討論：**

他表明，他沒有一定要在家鄉啦，因為他家中長輩也是公職退休，深知公職的狀況。而也因為家中長輩公職生涯的經歷，建議及希望他「人往高處走」。我是理解他說明的這件事。

不過，我分析了一下給他聽，他在家鄉的資訊單位的工作，跟高考二級需離鄉背景的資訊中心的工作，看來都會導致他隔年再考一次，與其跳到二級之後再重考，倒不如先留在家鄉準備。因為他如果離家，要花錢，而且一開始搬家，還要一段時間搬東西來來回回，他根本沒時間可以準備。再則，從一個坑跳到另一個更深的坑，就算是職等比較高，薪水比較高一點點，其實也不是很值得的。

不過，我也跟他說明我只是建議，決定權在他自己身上。我只是建議他先了解自己，再好好選擇。

最後，他選擇留在家鄉的資訊中心。不過，他覺得該中心的工作有點危險，聽他說應該有再準備重考。

哈，看起來好像有點離題了，但如果從「選工作」的角度來說，這也是一個選工作的例子。總之，選缺也是一門學問；真的不懂，還是要冷靜下來分析。真的還是不行，找自己有經驗的朋友問問，而且要多問幾個，畢竟大家在公職中的經驗都不同，體會也不同。然後，千萬冷靜，好好找出對自己比較好的狀況。雖然有時候名次比人家後面，好缺都被前面的人挑走了，能挑的比較少，但好好的選，也是能從剩下的缺之中，挑到相較比較好的缺。

CHAPTER

06

沒有考到自己想要的職缺？再接再厲

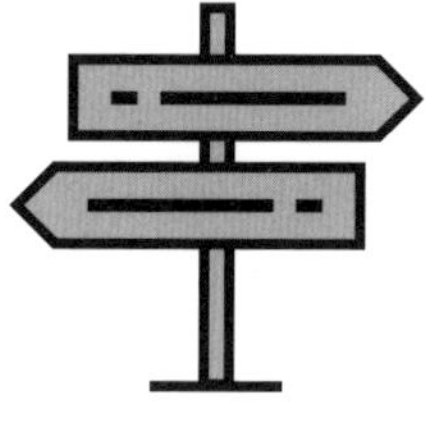

其實，我也在想是不是要加入這個部分，但最後還是加入了這個部分，因為我覺得很多人跟我一樣，可能不知道自己想要什麼；或是單純就是因為進入的單位太黑暗了；或是因為考上的單位不在自己的家鄉；不論是什麼原因，會一直考一直考，所以就會繼續準備考試，一直到有一天頓悟了，就不會再考了。

所以，這個問題，我自己的看法是如果你還年輕，真的可以多試一下，不過也是建議快點找到一個自己可以待下去的位置。泛公職就是待得愈久領得愈多，所以愈早定下來，領得愈多。

另外，在還沒確定定下來之前，也是會建議持續儲備再考的能量，因為說真的，你不會知道你報到後的工作狀況是怎樣，所以要持續儲存考試能量，好讓自己在新的一年可以趨吉避凶。

考上後繼續準備考試的建議

其實，分享這一節是想到自己的情形及個人朋友的情形，所以，又加上這一個部分來分享。自己之前的一個朋友，他是屏東人，但分發在台東工作。記得那時，他的狀況就是好像機關對他來說不ＯＫ，做了一段時間想離職，我當時就勸他不要衝動，不過，後來他還是離職準備考試。後來他準備考試的時候一直覺得心情不穩定，因為把好不容易考上的穩定工作給辭了，換來的是不知道何時會考上的擔心害怕。大家應該還記得，全職考試的時候的不安全感吧?!還記得他辭職後，還在準備考試的時候跟他聊天，我問他：「你現在懂我建議你的原因了嗎？」，我想他應該有體會了。所以還是一句老話，一種米養百種人，有些人就是要自己體會一次，才會懂別人建議的意思。

還好後來他又考上屏東的四等地方特考，進入屏東的機關服務。再跟他聊，又聽他說覺得單位有一些問題，再加上他還沒考上三等地方特考，所以，又開始準備了三等的考試。這次他就很清楚狀況，沒有衝動了。留在舊單位，忍著工作，好好的準備考試，之後也順利考上三等地方特考了。但我想他應該有其他更深的體會吧。就是其實工作沒有百分之百完美的，重點是自己怎麼去調適而已。

簡單來說：

1. 好不容易考上了，碰到無法忍受的問題就衝動離職，會陷入沒工作、沒收入，準備考試又要花錢的狀況，再加上就算有考上的實力，也還是會有擔心考不上的不安全感，對準備考試不是一個好的狀況。本書一開頭也提到了，考試能上榜的因素之一，就是心情穩定。

2. 再者你怎麼能確定，你離開一個火坑，努力了一陣子之後，下一個工作不是另外一個火坑？又遇到火坑，難道又要再放棄？雖然目前的工作很煩，但至少是穩定的，而且有固定的收入，不是只花錢，沒收入，心情會穩定很多。

3. 就是因為不知道新考上的工作是不是另外一個火坑，所以保留舊的工作，其實也是另外一個保障，至少不會讓自己陷入沒有選擇的狀況。如果新工作比舊工作還差，那當然是留在原來的地方了。

因此，結論是考上後進入新的工作，倘若新的工作不好，準備要再考的建議是留在原單位繼續工作，一邊工作，一邊努力準備考試，不要衝動離職。

台灣廣廈 國際出版集團
Taiwan Mansion International Group

國家圖書館出版品預行編目（CIP）資料

一次就上！把國家考試當專案管理: 正確準備！高普特考、國營企業求才到各種考試，做對你該做的事就能完成夢想！ / 黃耕津著，
-- 初版. -- 新北市：財經傳訊, 2021.9
面；　公分. --（sense；62）
ISBN 9789860619478(平裝)

529.98　　　　110012987

財經傳訊
TIME & MONEY

一次就上！把國家考試當專案管理

正確準備！高普特考、國營企業求才到各種考試，做對你該做的事就能完成夢想！

作　　者／黃耕津
編輯中心／第五編輯室
編 輯 長／方宗廉
封面設計／十六設計有限公司
製版・印刷・裝訂／東豪・弼聖／紘億・秉成

行企研發中心總監／陳冠蒨
媒體公關組／陳柔彣
綜合業務／何欣穎

發 行 人／江媛珍
法律顧問／第一國際法律事務所 余淑杏律師・北辰著作權事務所 蕭雄淋律師
出　　版／財經傳訊出版社
發　　行／台灣廣廈有聲圖書有限公司
地址：新北市235中和區中山路二段359巷7號2樓
電話：（886）2-2225-5777・傳真：（886）2-2225-8052

行企研發中心總監／陳冠蒨
媒體公關組／陳柔彣
綜合業務／何欣穎

全球總經銷／知遠文化事業有限公司
地址：新北市222深坑區北深路三段155巷25號5樓
電話：（886）2-2664-8800・傳真：（886）2-2664-8801
網址：www.booknews.com.tw（博訊書網）
郵政劃撥／劃撥帳號：18836722
劃撥戶名：知遠文化事業有限公司（※單次購書金額未達1000元，請另付70元郵資。）

■出版日期：2021年9月
ISBN：9789860619478